Siegfried Ruoß

Schwäbische RESTLESKÜCHE

Was die Oma noch wusste –
100 traditionelle Rezepte und wertvolle Tipps

SILBERBURG

INHALT

EINLEITUNG

Die Geschichte der Menschheit ist geprägt vom Kampf um das tägliche Brot. Der größte Fortschritt auf dem Weg zur Zivilisation war die Entdeckung des Feuers. Das Fleisch, bisher roh hinuntergeschlungen, wurde nun an Spießen über dem Feuer gegart. Erst als es den Menschen gelang, aus Ton – später aus Eisen – Kochtöpfe zu gestalten, begann die große kulinarische Entdeckungsreise. Nun hingen über dem Feuer jahrhundertelang die Suppentöpfe, in denen Wurzeln, Kräuter, Körner und Fleisch zu Eintöpfen gekocht wurden. Der nächste große Schritt war die Erfindung der Mühlen. Die Körner konnten zu Schrot und Mehl verarbeitet werden. Der Siegeszug des Getreidebreis war nicht mehr aufzuhalten und sollte fortan die Ränzlein der Hungrigen und Bedürftigen füllen. Die Muskachel wurde im Haushalt der Bauern und Handwerker zum wichtigsten Küchengeschirr.

Womit wir beim Thema wären. Die recht einfache Bauernküche sowie die bürgerliche Privatküche muss man unterscheiden. Die Küche der Landbevölkerung bestand ab dem 15. Jahrhundert größtenteils aus Mehlspeisen, bis sie ab 1750 langsam, aber stetig von der Kartoffel abgelöst wurde, mit der der Magenfahrplan neu zusammengestellt wurde.

In den Städten waren Bürger vom Adel unabhängiger, was dazu führte, dass Händler, Handwerker, Bäcker, Metzger, höhere Beamte und Offiziere zu kleinem oder großem Wohlstand kamen und sich eine abwechslungsreiche Speisefolge leisten konnten. Noch heute sprechen wir in der Gastronomie von der »gutbürgerlichen« Küche.

Doch gab und gibt es im Ländle regionale Unterschiede. In Oberschwaben spürt man, historisch bedingt, den österreichischen Einfluss. Aufgrund der vorherrschenden Viehzucht gab es Milch, Rahm und natürlich Käse im Überfluss. Auf der Schwäbischen Alb war nicht viel Eigenständiges zu entdecken. Der Spruch »Viel Steine gab's und wenig Brot« spricht für sich. Nicht umsonst zählte dieses karge Hügelland zu den ärmsten Regionen seiner Zeit.

An der herrschaftlichen Tafel allerdings war nach wie vor das Fleisch die Nummer eins auf dem Speiseplan der Unersättlichen. Plagte den einen nicht selten der Hunger, da er von der Jagd und der Fischerei ausgesperrt war, so plagte die fleischfressenden Herrschaften die »adlige« Gicht. Nicht umsonst heißt es: »Die Völlerei tötet mehr Menschen als das Schwert.« Und Plinius bemerkte dazu: »Die einfache Kost ist die beste.«

1534 waren noch 90 Prozent der Württemberger Bauern. Das war jene Zeit, in der die Kreativität der Bäuerin besonders gefragt war, wollte sie etwas Genießbares auf den Tisch bringen. Aus »Wenig, Reschtle, Allerloi« bestand die karge Kocherei. Aufzeichnungen der Bauernküche aus jener Zeit sind Fehlanzeige. Kochbücher enthielten meist nur Rezepte aus der privilegierten Küche der Wohlhabenden, die lesen und schreiben konnten.

Um etwas über die Esskultur vergangener Epochen zu erfahren, sind wir auf mündliche Berichte unserer Groß- und Urgroßmütter angewiesen. So lebt die Vergangenheit in der Küche unserer Vorfahren weiter. Wie viele alte und originelle Rezepte immer noch in schwäbischen Küchen im Gebrauch sind, ist überraschend. Und erstaunlicherweise sind Großmutters Rezepte noch gut im Rennen. Eine vollständige Sammlung aller Rezepte ist aber nicht möglich. Zu verschieden sind die Aufzeichnungen von Ort zu Ort, von Stadt zu Stadt.

Die Vielfältigkeit der schwäbischen Küche ist fast völlig in Vergessenheit geraten. Nur Gerichte wie Maultaschen und Spätzle – immer häufiger vom Fließband – sowie Gaisburger Marsch, vereinzelt noch Saure Kuttla, halten die Stellung. Aber Kochen ist wieder in! Heimlich, still und leise ist Omas Küche auf dem Vormarsch. Hinter vorgehaltener Hand erfährt man regionale Geheimtipps: »Erst kürzlich hanne do Saure Kartoffelrädle gessa. Aber Reservierung ist erforderlich«, war der gut gemeinte Rat. Regionale Eintöpfe wie »Saure Bohnaschpatza« erfreuen schwäbische Feinschmecker.

Immer nur Schnitzel mit Pommes ist doch etwas eintönig und auch ein Dickmacher. Nicht nur die halbe Nation leidet heute unter überflüssigen Pfunden. Jetzt soll auch noch ein Drittel aller Haustiere fettleibig sein. Obwohl wir jährlich etwa 6,7 Millionen Tonnen Lebensmittel in den Müll werfen, ist die Fresssucht nicht zu bremsen. Kein Wunder, locken doch die Supermärkte mit 170 000 unterschiedlichen Lebensmitteln. Die Evolution hat uns auf die heutige Lebensführung nicht vorbereitet. Sie hinkt ihr quasi hinterher. In 100 bis 200 Jahren können wir mit unserem Wohlstand sicher besser umgehen.

Was waren das noch für Zeiten, als die Bauern der Natur, die als unbezähmbar galt, mühsam die Nahrung für sich und das Gesinde abringen mussten. Viel Zeit für kulinarische Experimente war da nicht. Gab es in den ärmeren Küchen der Kleinbauern, Söldner, Tagelöhner und Bettler einmal Fleisch, stammte es von ausgemusterten Nutztieren, wie dem Huhn, das keine Eier mehr legte, oder der Kuh und der Ziege, die keine Milch mehr gaben. Das Fleisch war so zäh, dass es nur stundenlanges Kochen genießbar machte. Eine alte Bäuerin berichtete von einer Notschlachtung einer Milchkuh. Jeder im Dorf bekam ein Stück. Der Rest wurde in den Rauch gehängt. Das Fleisch war danach so zäh, dass man es mit einem Beil zu Fasern zerkleinern musste, um es hernach im Kraut mitzukochen. Der Rest ergab eine Suppe.

Durch die Überbevölkerung verschwand das Fleisch vom Tisch der Armen fast vollständig. Sie beschränkten sich auf die Brühe der Knöpfle, die mit Zwiebeln abgeschmälzt als »Bettelleits Supp« in die Geschichte einging. Natürlich gab es auch Bauernhöfe, die in guter Lage und mit entsprechender Größe gut versorgt waren, dort litt man keine Not.

Das vorliegende Buch soll mehr als nur ein Kochbuch sein. Wir haben versucht, alte, fast vergessene Rezepte aufzuspüren, aber auch die Geschichte der Küche durch die Jahrhunderte aufzuzeichnen.

Vielen herzlichen Dank an all die Freunde und Helfer, die mitgeholfen haben, Sie auf unsere kulinarische Zeitreise mitzunehmen.

KULINA RISCHES

ÜBERS ESSEN

Am Anfang der Menschheitsgeschichte diente die Nahrungsaufnahme lediglich der Erhaltung des Lebens. Erst viel später kamen durch das Kochen neue Faktoren ins Spiel. Durch das Braten und Kochen der pflanzlichen und tierischen Produkte entstanden ganz neue Geschmacksstoffe, die vergnügliche Begeisterung hervorriefen. Neu entdeckte Gewürze verstärkten die Lust am Essen. Die Wunderwelt der Aromen führte zu neuen Kreationen in der Küche. Der Beruf der Köche begann sich zu formieren. »Fressen und Saufen wurde zur Hauptbeschäftigung der Herren der Epochen«, bemerkte ein englischer Historiker 1794. Was dem Adel recht war, war dem Klerus billig. Die Tafeln der Obrigkeit waren das ganze Jahr über reichlich gedeckt. Die Zustände der Welt spalteten sich auf in Prassende und Darbende. Um ihre tägliche Existenz bangen mussten dagegen die Tagelöhner, Häusler, Witwen und das herumziehende Volk der Bettler, Kesselflicker, Scherenschleifer und Saisonarbeiter. Armut und Hunger waren ihre ständigen Begleiter.

Eine fast hundertjährige Älblerin erzählte mir von ihrer harten Kindheit als Magd, den langen Arbeitstagen und dem kargen Lohn. Ihr Tag begann morgens um halb sieben mit einem Teller »Schwarzen Breis«. Um halb elf gab es eine Schüssel Milch mit Brotstücken, die zusammen

mit den anderen Familienmitgliedern ausgelöffelt wurde. Zur Abwechslung stand morgens auch mal Brotsuppe mit Kartoffeln in der Schale auf dem Tisch. Für die Knechte gab es meist eine Portion Fleisch, ein Teil davon blieb auf dem Teller liegen und wurde bis zum Abend in der großen Tischschublade verstaut. Das gab es dann zum Abendvesper. Jeder hatte sein eigenes Besteck, das am Tisch an einem Haken hing. Gespült wurde es nur zwei Mal in der Woche. Grobe Reste wurden abgeschleckt oder am Tischtuch abgeputzt.

Alle zwei bis drei Wochen wurde die Bäuerin »handgreiflich« und bereitete abends schon den Teig fürs Brotbacken vor. Viele Jahrhunderte lang war der Dinkel die Brotfrucht der Älbler, der hier besonders gut gedieh. Die Mehltruhe war das Herzstück der Küche. Waren sie und die Schmalzhäfen gut gefüllt, konnte der Winter kommen.

Bis ins 19. Jahrhundert hinein lebte das einfache Volk recht bescheiden. Ein Laichinger Pfarrer berichtete um 1800: »Es gab Knötlein, Knötlein und wieder Knötlein.« Er meinte damit sicher unsere bekannten Knöpfla. Das einzige Gemüse im Winter war Sauerkraut, das als Dauergast auf dem Herd vor sich hin simmerte. Milch- und Brotsuppen sorgten für etwas Abwechslung. In alten Akten sind immer wieder Klagen darüber zu finden, dass die Laichinger Männer so klein geraten seien, dass bei den Musterungen kaum junge Leute für den Militärdienst zu finden waren. Fleisch war lange Zeit eine Seltenheit und kam nur, wenn überhaupt, an Sonn- oder Feiertagen auf den Tisch. Gerechterweise ist hier anzumerken, dass es von Landschaft zu Landschaft Unterschiede gab.

Die Kartoffeln, die Retter in der Not, haben sich bei uns erst im 19. Jahrhundert so richtig durchgesetzt. Entscheidend für ihre Verbreitung waren die Hungerjahre von 1771 und 1816, als durch Missernten die Brotzubereitung nahezu zum Erliegen kam. Unser so heiß geliebter Kartoffelsalat und unsere Sauren Kartoffelrädla entstammen somit der jüngeren Geschichte. Das übliche Mahl war bis dahin das Mus, meist aus Haferschrotmehl. Daraus entstanden später Suppen. Mehl, Milch- und Biersuppen gab es meist zum Mittagessen. Der Kessel hing an einem Haken direkt über dem offenen Feuer, und ständig brodelte ein Stück erlegtes Fleisch wie Kaninchen oder gepökeltes Fleisch zusammen mit Kohl und anderem Gemüse sowie Roggen- oder Erbsmehl darin. War die Suppe gar gekocht, goss man sie über eine Scheibe altbackenes Roggenbrot.

Die Frauen sammelten außer Heilkräutern auch Wildgemüse, um auf dem Speiseplan für etwas Abwechslung zu sorgen. Von rund 200 000 Wildpflanzenarten sind nur wenige Tausend für den Verzehr geeignet. Einige

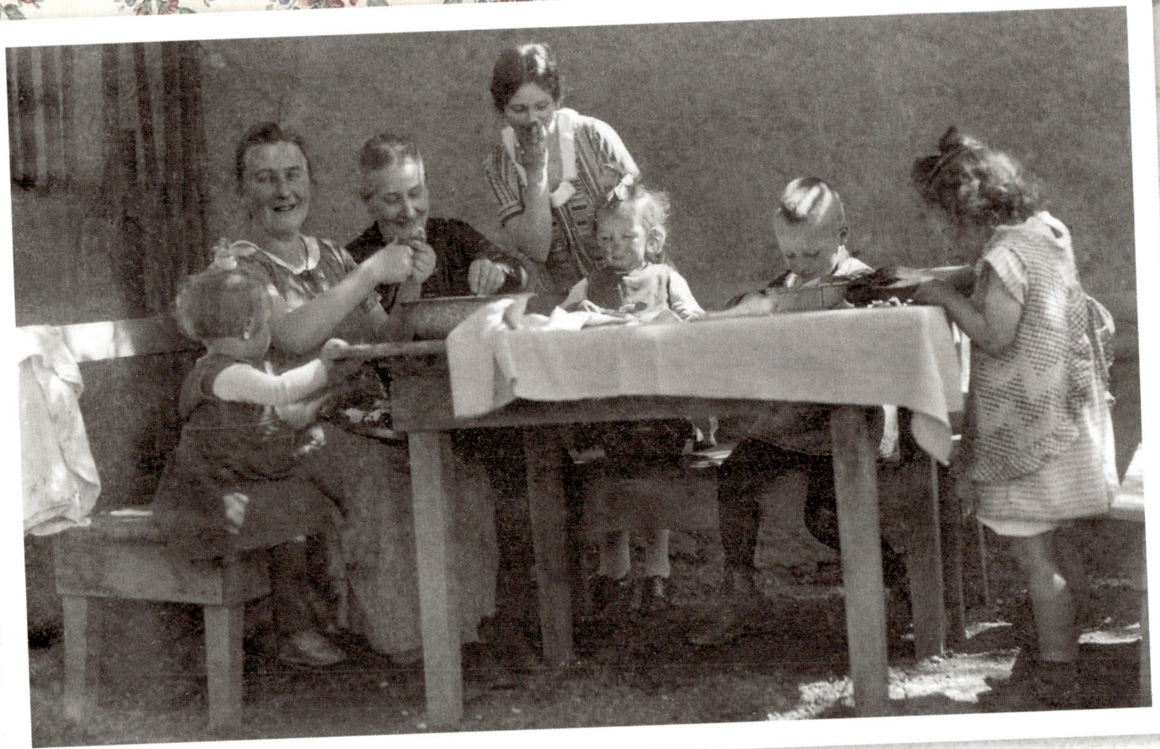

Dutzend davon haben es über die Jahrhunderte hinweg auf unseren Mittagstisch geschafft und sich einen Stammplatz erkämpft. Mittlerweile ist ihre Zahl auf ein Dutzend geschrumpft. Dazu zählen beispielsweise Weizen, Gerste, Kartoffeln und Hülsenfrüchte. Zu den Nachzüglern gehören Pflanzen wie Roggen, Hafer, Steckrüben, Radieschen, Lauch und Kopfsalat.

Die früheren Unkräuter haben sich zu nahrhaften Kulturpflanzen gemausert, ohne die wir heute nicht mehr auskommen könnten. Ein Sonderling ist der Buchweizen, der nicht zu den Getreidesorten zählt. Wegen seines geringen Klebergehalts kann man aus ihm kein Brot backen. In der Bretagne wurde und wird er heute noch angebaut. Da man für ihn keine Getreidesteuer zu zahlen brauchte, war er sehr beliebt. Statt Brot wurden Pfannkuchen zubereitet. Nicht umsonst kommen aus dieser Region im Nordwesten Frankreichs die heute so geschätzten Crêpes, in der Bretagne mehr als Galettes bekannt.

Beliebt waren seit alters her Eierspeisen, die in erstaunlicher Vielzahl zubereitet wurden. Besonders die Älteren mit ihren schlechten Zähnen schätzten diese. Ganz oben an der Spitze der Backwaren stand das Brot. Allerdings war es nicht immer verfügbar, denn Mehl hatte seinen Preis. Die ärmeren Schichten begnügten sich mit einem Napf voller Brei. In den häufig auftretenden Notzeiten musste das Brotmehl mit Rüben, Erbsen oder Rinden gestreckt werden. Auch Sägemehl fand Verwendung.

Der seit 8000 Jahren bekannte Käse war bei den Bauern sehr beliebt, konnte er doch aus der eigenen Milch hergestellt werden. Im Winter war der Ertrag der Küche recht sparsam, war Futter doch oft Mangelware. Wegen des Futtermangels schlachteten die Bauern einen Teil der Rinder im Herbst, um es zu Rauch-, Dörr- oder Pökelfleisch zu verarbeiten. Dabei war das Einpökeln eine kostspielige Angelegenheit, denn für zehn Kilo Fleisch wurde ein Kilo Salz eingesetzt – und das war teuer.

In den Küstengegenden ersetzte meist der Hering das Fleisch, er gelangte, in Salz eingelegt und in Fässern verpackt, bis nach Süddeutschland. Nach dem Siegeszug der Eisenbahn wurde der Salzhering bald das wichtigste und erschwinglichste Nahrungsmittel. Bei vielen Bauern stand ein Fass Heringe im Keller und sorgte für Abwechslung. Fisch wie Kabeljau und Schellfisch kam getrocknet auf die Märkte. Neben dem Schweineschmalz kam auch das aromatische Nussöl zum Einsatz. Jeder Hof war von Nussbäumen umgeben. Mohnöl wurde hauptsächlich für Lampen verwendet.

Fahrende Spezereihändler verkauften der Landbevölkerung die notwendigen Utensilien, die sie nicht selbst herstellen konnte, wie Zucker und Salz, Kaffee, Schwefelhölzer oder Gewürze. Im Tausch nahmen sie die Butterballen oder Eier mit in die Stadt. Ansonsten waren die Bauern Selbstversorger und genossen ihre selbst angebauten Kirschen, Äpfel, Birnen und Brombeeren. Getrocknete Datteln, Mandeln und Weinbeeren aus fernen Ländern waren den reichen Häusern vorbehalten. Zum Würzen dienten der Bäuerin heimische Kräuter wie Majoran, Rosmarin, Minze, Salbei oder Bohnenkraut, die sie in ihrem Garten selbst zog.

Einmal im Jahr wollte die auf Sparflamme lebende Bevölkerung so richtig schlemmen. Hatten die Katholiken die Fasnet, um einmal über die Stränge zu schlagen, so nahmen die Protestanten das Fest der Kirchweih für sich in Anspruch, um der Völlerei zu frönen. Es lässt sich nicht leugnen, dass die Kirchweih in der beginnenden Neuzeit aus dem Ruder zu laufen begann. Sie artete zu einer Fress- und Sauforgie aus. Die Menschen – wehe, wenn sie losgelassen – rollten bei Regen ihre Most- und Bierfässer in die Kirchen, woran sich auch die Geistlichen beteiligten. Die religiöse Bedeutung des Festes ging völlig verloren. Die Bäuerinnen waren die ganze Woche beschäftigt, Berge von Kuchen zu backen. Schließlich hatte sich die Verwandtschaft aus der Stadt angesagt. Und es gehörte zum guten Ton, jedem ein Fresspaket mitzugeben. In manchen Gegenden oder Gemeinden fraß und soff man acht Tage lang. Natürlich missfiel der Obrigkeit das Treiben ihrer Bevölkerung, und es hagelte Verbote. Die Leute sollten arbeiten, beten und ihre Abgaben zahlen und nicht das Wenige, das sie hatten, verludern.

Ein Goldstück war für einen Kleinbauern oder Söldner ein unerreichbarer Schatz und tauchte in seinem Haus höchst selten auf. Um an etwas Geld zu kommen, sammelten meist die Kinder im Frühsommer die begehrten Weinbergschnecken, die besonders in der Fastenzeit gefragt waren. In extra angelegten Schneckengärten wurden sie speziell gemästet. Dafür verwendeten die Schneckenzüchter Kohlblätter oder Endivie. Es muss ein einträgliches Geschäft gewesen sein. So entdeckten wir in alten Verkaufsunterlagen Zahlen, die uns erstaunten. Wir erfuhren hier, dass jährlich an die vier

Millionen Schnecken, in Fässern verpackt, ins Ausland verkauft wurden. Ein großer Umschlagplatz war die freie Reichsstadt Ulm. Die Fässer voller Schnecken wurden auf Flößen via Wien verfrachtet. Im Volksmund nannte man sie auch Ulmer Austern. Ein Großteil der Schneckenhausbewohner landete bei Wirten, die sie geschmacklich mit Sardellen verfeinerten oder, mit Essig und Öl angemacht, auf ihren Speisekarten anboten.

Nach 1945 zogen wir Kinder, mit Eimern ausgestattet, die Eisenbahndämme entlang und sammelten die einträglichen Hausbesetzer. An Sammelstellen bekamen wir für einen Eimer voller Schnecken fünf Mark. Das war ein tolles Taschengeld. Die Schnecken gingen anschließend zum Verzehr nach Frankreich. Von uns hat sie niemand gegessen.

Die Naturalbesoldung war im 19. Jahrhundert auf der Alb noch gang und gäbe. Ein Laib Brot war auf dem Land eine Art Währung. Das Ausleihen einer Maschine, das Mitnehmen in die Stadt oder Mithelfen bei einer schweren Arbeit wurde mit Brot abgegolten. Ganz früher war dies auch gesetzlich geregelt. So waren Schulkinder dem Lehrer eine bestimmte Menge Laibe schuldig. Es gab Laibschulden beim Mesmer, bei Hirten, beim Bader, bei der Taufe sowie bei den örtlichen Mäusefängern. Als ein Schulmeister 1728 in Feldstetten starb, hinterließ er bei den Schülern eine Laibschuld von 65 Laiben. Die Ärmsten der Armen blieben sie auf immer schuldig. Wohlhabende Bauern ab vier Pferden galten als reich. So durften nur Pferdebauern in der Wirtschaft den Hut aufbehalten. Die Pferdebauern verdienten zusätzlich manch goldenen Taler, indem sie im Sommer in der Trockenzeit Wasser auf die Alb fuhren und dieses den Durstigen verkauften.

Wie sprach das notleidende Bäuerle von der Alb: Wo du nicht bischt, Herr Jesus Chrischt, do isch halt nix.

EINE ZEITREISE DURCH UNSERE KÜCHE

Früher saß man fünf Mal am Tag bei Tisch. Der Essensrhythmus war in allen Ständen derselbe. Das Frühstück bezeichnete man noch als Morgensupp, Morgenmus oder einfach Morgenessen. Das zweite Frühstück gab es zwischen neun und zehn Uhr und war bekannt als das »Neunevesper«. Zur Mittagszeit traf man sich zum Mittagessen. Um Zeit zu sparen, brachte die Bäuerin das Essen während der Erntezeit aufs Feld. Wenn die Bauern und ihre Erntehelfer heimkamen, gab es ein herzhaftes Abendbrot. Nach der Stallarbeit aß man noch vor dem Zubettgehen »zur Nacht«. Zwischen den Mahlzeiten haben die Menschen reichlich getrunken.

Die einfache, aber nahrhafte Kost wird heute gerne als Mampf mit Stampf verunglimpft, die recht fette und batzige Küche als Dickmacher hingestellt. Untersuchungen haben das widerlegt. Im internationalen Vergleich liegt die deutsche Küche, was Vielfalt, Geschmack und Preis betrifft, auf den vorderen Plätzen. Wo gibt es ein so reichhaltiges Angebot allein bei Brot und Wurst wie bei uns?! Auch ohne Zitronengras und Wachteleier lässt es sich gut speisen. Die regionalen Küchen wurden lange Zeit verachtet.

In Asien, Afrika und Amerika ist dies kein Thema. Viele Völker genießen, was Gott ihnen geschenkt hat. Nur bei uns herrscht diese nicht nachvollziehbare Unzufriedenheit. Sicher erinnern sich noch viele daran, als Anfang der Achtzigerjahre des 20. Jahrhunderts die Nouvelle Cuisine von sich reden machte. Der Spruch »Nichts auf dem Teller, alles auf der Rechnung« soll sogar von Paul Bocuse persönlich stammen. Viele der ehemaligen Kochdesigner sind zur regionalen Küche zurückgekehrt und verzeichnen mit dieser »alten Art« zu kochen größte Erfolge.

Der heutige Konsument weiß nur noch selten, wie eine selbst gezogene, in der Sonne gereifte Tomate schmeckt. Bei uns sind der Preis und das Aussehen entscheidend. Zum Vergleich Frankreich: Wer einmal einen Markt in der Provence besucht hat, weiß, wovon ich rede. Dort fährt man lieber kleine Autos und schätzt dafür einen reich gedeckten Tisch mit Köstlichkeiten des Landes.

Da die EU in Brüssel alles normt, was wächst und gedeiht, haben wir herrlich rot leuchtende, genormte Äpfel. Der Rest, der nicht so will wie unsere Bürokraten, wird aussortiert und verrottet gleich auf dem Feld. 20 bis 40 Prozent der Ernte werden so vernichtet. Längst hat die Lebensmittelindustrie ihre Finger in allen Bereichen der Gastronomie. Im ständig wachsenden

Convenience-Sortiment findet der Koch von heute ein reiches Angebot. Brauchen wir noch Köche? Oder sind ausgebildete Aufwärmer die Zukunft?

Da wird beispielsweise Wildgulasch angeboten. Dieses besonders zarte, saftige und ohne Sehne zubereitete Spitzenprodukt besteht zu 80 Prozent aus Kängurufleisch. Der Gast bezahlt gutes Geld für Fertiggerichte der Industrie. Auch die Franzosen strömen heute massenhaft in Burger-Grillstationen und haben anscheinend vergessen, was ihnen Bocuse und dessen Gefolgsleute predigten. Die Menschen folgen mehr dem Trend als nationalen Aufrufen.

Unsere Hightech-Küchen gleichen modernen Maschinenparks. Dabei wurden unsere Küchen erst vor 120 Jahren elektrifiziert. Es gibt alles im Überfluss. Jährlich landen Millionen Tonnen Lebensmittel auf dem Müll. Unsere Nahrungsmittel sind zu Wegwerfartikeln verkommen. Was waren das noch für Zeiten, als unsere Großmütter die Kochkisten einführten. Diese sparten Energie, garten schonend und hielten das Essen lange warm.

Im August 1939, vier Tage vor Kriegsbeginn, wurden Lebensmittelmarken ausgegeben. Lebensmittel, Waschpulver, Seife und Zigaretten wurden rationiert. Kriegsbedingt mussten die Menschen den Gürtel enger schnüren. In der Bäckerei meines Großvaters in Ulm saßen alle Familienmitglieder am Sonntagmittag in der Backstube zusammen und klebten die abgegebenen Brotmarken mit »Mehlbäpp« auf alte Zeitungen. Damit konnte mein Großvater am Montag wieder Mehl bestellen. Es war die Zeit, in der meine Mutter ihre geernteten Bohnen in alten Flaschen aufbewahrte, da Weckgläser Mangelware waren. Um diese herauszuholen, verwendete sie einen Drahthaken, mit dem sie die Bohnen durch den engen Hals bugsierte.

In der vorindustriellen Zeit mussten die Menschen 50 Prozent ihres Einkommens und mehr für ihre Ernährung aufbringen. Heute

sind es gerade mal 10 bis 15 Prozent. Damit Bauern reiche Ernten einfahren können, bringen die Erzeuger pro Jahr gut 30 000 Tonnen Pestizide auf den Äckern aus. Wir nehmen dafür verschmutztes Grundwasser in Kauf, was wiederum zu weltweit dramatisch steigenden Krebserkrankungen führt. Krebserkrankungen haben natürlich auch andere Ursachen wie Rauchen, Alkohol und Fastfood-Genuss. So hat ein Hamburger mehr als 900 Kalorien, aber kaum Ballaststoffe. Hier können wir nicht mehr von Kosmetik von innen sprechen, wie die Werbung einst versprach. Fastfood-Ketten entsorgen Pommes und Burger bereits nach zehn Minuten, wenn sie innerhalb dieser Zeitspanne nicht verkauft sind.

Bei einer Tagesproduktion von 60 Tonnen entsorgt ein Nudel-Hersteller täglich etwa drei bis vier Tonnen Mehlspeisen wegen Überproduktion. Bei Großbäckereien liegt diese Quote täglich bei 15 bis 25 Prozent. Dieser Anteil wird von manchen Betrieben getrocknet als Heizmaterial genutzt. Bananenplantagen in Ecuador entsorgen 15 Prozent der Ernte, da die Früchte nicht den Vorgaben entsprechen, Gurkenzüchter etwa ein Drittel davon, wenn die Gurken nicht gerade gewachsen sind. Bei der Kartoffelernte sieht es genauso aus. Zu große oder zu kleine Kartoffeln werden von den Lebensmittelketten abgelehnt. Deshalb darf, wer Lust hat, auf Kartoffeläckern nachlesen. Die Bauern sind froh, da die aussortierten Kartoffeln so nicht wieder austreiben.

Wo wir hinsehen: Nahrung im Überfluss. Trotzdem gibt es in unserem Land Bedürftige, die aus der Not heraus Container der Supermärkte nach Verwertbarem durchwühlen. Im Volksmund nennt man sie Mülltaucher oder Foodfighter.

In den USA gilt einer von drei Erwachsenen als fettleibig. Jedes fünfte Kind ist zu dick. Auch hierzulande hat die Fresssucht dazu geführt, dass jeder fünfte Erwachsene und jedes zehnte Kind fettleibig ist. Die Fastfood-Generation, die hauptsächlich auf Industrieprodukte zurückgreift, hat teilweise noch nie ein Ei aufgeschlagen. Die meisten Großstadtkinder haben noch nie ein Huhn geschweige denn eine Kuh gesehen. Ein Kind meinte bei einem Ausflug auf einen Bauernhof beim Anblick der Kühe: »Mann, haben die hier große Schweine.« Die Entfremdung von der Natur führt zu grotesken Situationen.

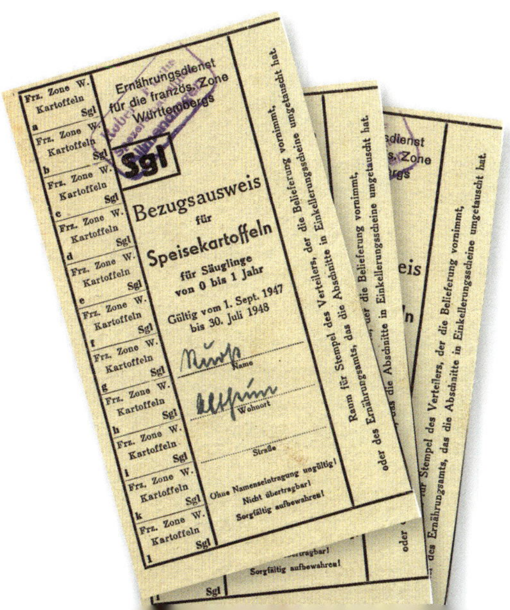

SO KOCHTEN UNSERE ALTVORDEREN

Die mittelalterliche Küche war kein gemütlicher Arbeitsplatz. Das Feuer brannte offen auf meist kniehoch gemauerten Feuerstellen. Nur ein kleiner Rauchabzug fand sich in der Decke des verrußten Gewölbes. Im Jahr 820 ist im Kloster St. Gallen erstmals ein Schornstein belegt. Rauch, Küchendämpfe und unerträgliche Hitze erschwerten die Arbeit. Wenn das Wetter es zuließ, kochte man lieber im Freien. Über den Feuern hingen an Ketten Kessel aus Bronze, Messing oder Kupfer. Zu den Arbeitsgeräten gehörten die wichtigen Bratspieße und Bratroste.

Das Feuer ermöglichte den Menschen eine wesentliche Verbesserung ihrer Nahrung. Das Erhitzen des Wassers war gleichzeitig die Geburtsstunde der Eintöpfe und Suppen sowie des Kochens von Pflanzen in all ihrer Vielfalt. Die offenen Feuer waren mit enormem Holzverbrauch verbunden. Das Wasser schleppten die Mägde mühsam in Eimern vom Brunnen in die Küche. Zur Ausstattung der offenen Feuerstätte gehörten Dreifuß und Kesselhaken, ein Hängekessel, Gefäße mit Standbeinen und Pfannen mit langen Stielen. Der eiserne Dreifuß diente beim Kochen als Gestell für die Töpfe im Feuer. Nicht zu verwechseln mit dem Pfannenknecht, der als Untersatz für die Muskachel auf dem Tisch verwendet wurde. Meist erhielt er noch eine Pfannenstütze, um den Kacheln und Pfannen mehr Halt zu geben.

Die Muskost aus verschiedenen Getreidesorten spielte im Mittelalter eine größere Rolle als das gebackene Brot. Der besonders in Süddeutschland weit verbreitete Musbrei gehörte zur täglichen Nahrung. Er wurde mit Schmalz, Eiern und Obst verfeinert.

Die reich anfallende Asche diente zur Wäschelauge- und Düngemittelherstellung. So wie in der modernen Küche der Mikrowellenherd nicht fehlen darf, war der Mörser schon seit der Antike ein unentbehrliches Küchengerät zum Mahlen und

Zerstoßen von allerlei Lebensmitteln. Die Modernisierung der Küchen kam erst ganz langsam in Gang. So wurde die Kette über dem offenen Feuer durch Eisenhaken ersetzt, die es ermöglichten, die Töpfe nach Bedarf höher oder näher zum Feuer zu versetzen. Das Sprichwort »Leg mal einen Zahn zu« stammt aus der mittelalterlichen Küche, wo die Töpfe an einem Haken über dem Feuer hingen. Hatten es die Köche eilig, wurde der Topf um einen Zahn heruntergehängt.

Erst viel später kamen Bratspießuhren in Mode und ersetzten den Küchenjungen, der den Spieß stundenlang in Bewegung halten musste. Im 16. Jahrhundert gab es vereinzelt Kochherde mit Öffnungen zum Einsetzen verschiedener Kochtöpfe. Aber erst im 18. Jahrhundert setzten sich die uns heute bekannten Herde mit Backröhren und Schiffchen allgemein durch. Die Entwicklung zum geschlossenen Kochherd war eine technische Errungenschaft und brachte den Frauen vielerlei Erleichterung.

Uhren und Waagen waren in den Küchen des Mittelalters kaum bekannt. Die Kirchuhr gab den Takt an. Sie rief zum »Neunevesper« oder zum Mittagessen. Die Mengenangaben regen uns heute zum Schmunzeln an. So finden wir im Sprachgebrauch unserer Altvorderen Angaben wie »eine Faust voll Schmalz, eine nussgroße Kugel Butter, eine halbe Eierschale voll Wein, fingerlange Würste, eiergroße Schmalzzugaben, zwei Querfinger dick Teig«. Später ging man dazu über, die Zutaten mit »ein Löffel voll Mehl« oder »eine Messerspitze Salz« zu benennen. Bei kürzeren Kochzeiten musste die Küchenhilfe zum Beispiel fünf Mal das Vaterunser beten, um so die Garzeit zu bestimmen.

Bei den Bauern und dem Kleinbürgertum kamen Gerichte bis ins 20. Jahrhundert vom Herd direkt im Topf auf den Tisch. Nur in herrschaftlichen Häusern hatte man für alle Speisen entsprechendes Geschirr, um richtig einzudecken. Tafelgeschirr gab es in bäuerlichen Kreisen kaum. Essbesteck kam erst im 13. und 14. Jahrhundert in Mode. Erst im 16. Jahrhundert gesellte sich auch die Gabel dazu. Teller und Besteck bestanden in der Mehrzahl aus Holz, das in der kalten Winterzeit selbst hergestellt wurde. Der Löffel ist wohl das älteste Essgerät. Er hat sich im Laufe der Jahrhunderte kaum verändert. Der »Knepflenlöffel« war eines der wichtigsten Utensilien in der Aussteuer junger Bäuerinnen. Und wo das Besteck ganz fehlte, aß man mit den Händen, ganz nach alter Väter Sitte. Mit einem Stück Brot tunkte man die Suppen und Soßen auf, so wie es Christus schon getan hatte.

Das Hungerlied

Verehrter Herr und König,
weißt du die schlimme Geschichte?
Am Montag aßen wir wenig,
und am Dienstag aßen wir nicht.

Und am Mittwoch mussten wir darben.
Und am Donnerstag litten wir Not.
Und – ach – am Freitag starben
Wir fast den Hungertod!

Drum lass am Samstag backen
Das Brot fein säuberlich –
Sonst werden wir sonntags packen
Und fressen, o König, dich!

DIE FLEISCHVERSORGUNG

Ist Fleisch in allen Variationen für uns heute eine Selbstverständlichkeit, so war es für unsere Altvorderen eher eine Rarität, die nur an Feier- und Festtagen auf den Tisch kam. Die Bedeutung der Haustiere war allgegenwärtig. Neben Fleisch lieferten sie so wichtige Produkte wie Milch und Käse, Leder und Wolle, waren geschätzte Zugtiere und unverzichtbare Reittiere in Kriegszeiten. Des Weiteren lieferten sie den unverzichtbaren Mist, der zur Düngung notwendig war. Aber auch die kleineren Haustiere wie das Huhn sowie die Enten- und Gänsearten spielten natürlich in der Ernährung eine große Rolle. Besonders geschätzt war das Huhn als Eierlieferant, und die Gänse füllten die Betten mit ihren Daunen. Kaninchen kamen bei der Arbeiterschaft sonntags am häufigsten auf den Tisch. Sie waren auf kleinstem Raum zu halten und dankbare Verzehrer der Küchenabfälle. Den Rest an Futter sammelten die Kinder am Wegesrand in Form von Löwenzahnblättern.

Bald merkten die Köchinnen, dass man das Fleisch zwei bis drei Tage abhängen musste, damit es zarter wurde. Im Sommer legten sie es in Buttermilch, Bier oder Essigbeize. Wenn das nicht half, wurde das Fleisch mit einem Holzhammer kräftig durchgewalkt. Schweinefleisch war relativ selten. Auf dem Lande wurden die Schweine zur Eichelmast in die Wälder getrieben. Erst nach drei bis vier Jahren waren sie schlachtreif. In der Stadt hielten sich Bäcker und Müller sowie Klöster mehrere Schweine, die frei in den engen Gassen herumstrolchten und nach Essbarem suchten. Da diese »Sauerei« überhandnahm, wurde der Ausgang der Schweinehorde auf eine Stunde am Tag festgelegt. Nur die Klostersauen erhielten eine Ausnahmegenehmigung, mussten aber Glöckchen um den Hals tragen.

Aus dem Sud gekochter Kalbs- und Schweinefüße sowie der Schwarten wurde und wird immer noch eine Geliermasse hergestellt, in der das Fleisch länger haltbar ist. Hochgeschätzt bei uns im

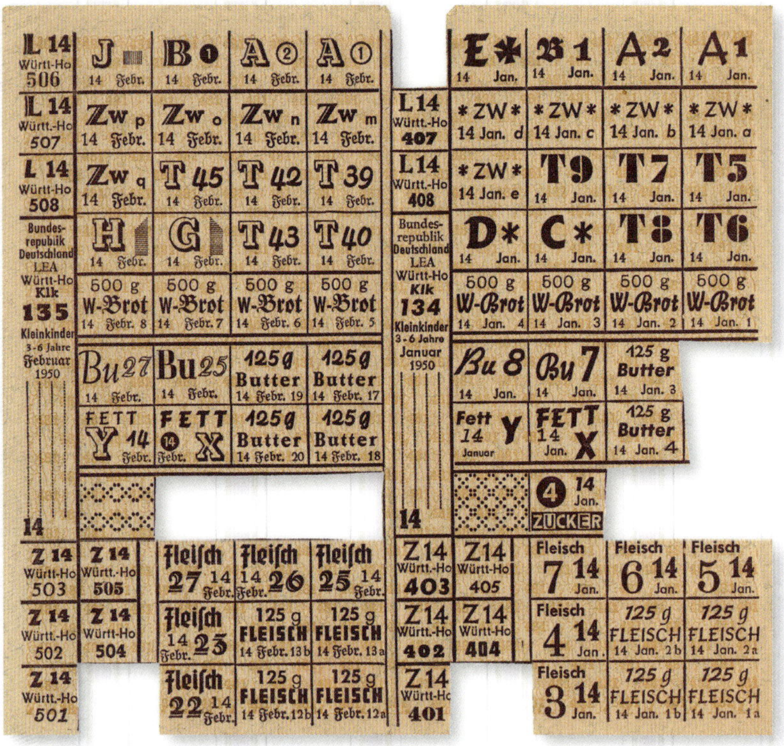

Schwabenland sind im Sommer Tellersulzen. Zusammen mit einem kühlen Weizenbier ein echtes Sommervergnügen.

Bis heute gehalten hat sich bei uns der Ochsenmaulsalat. Um es vorweg zu sagen: Mein Ding ist er nicht. Aber schwäbischen Feinschmeckern graut vor nichts. Hergestellt aus Ochsen- und Kuhmaul, wird die Sulz in feine Blättchen geschnitten und sauer, mit viel Zwiebeln, angemacht. Eine schmackhafte Spezialität ist die Schweinskopfsülze. Mit Bratkartoffeln serviert, eine preiswerte Kost für den schmalen Geldbeutel.

Ein Kalbsfuß sollte beim Zubereiten der hierzulande unverzichtbaren Soße nicht fehlen. Mit viel Knochen, Wurzelgemüse und Tomatenmark scharf angebraten, mit Wein oder Wasser abgelöscht, eingekocht, mit Flüssigkeit wieder aufgefüllt und langsam eine Stunde gegart, ergibt dies eine feine braune Soße. Soßen sind unverzichtbare Begleiter zu jedem Fleischgericht. Sie sind die ideale Schluckhilfe und geben dem Fleisch die entscheidende Geschmacksrichtung. Hier zeigt sich das wahre Können der Küchengeister. Nicht umsonst ist der Saucier in der Küche die Nummer eins am Herd. In den herrschaftlichen Küchen kamen Gänse nur in die Röhre, um das schmackhafte Gänsefett zu gewinnen, mit dem man die Soßen verfeinerte.

Oh ja, das Volk konnte sich nicht beschweren. Großzügig überließ man ihm auch die Innereien, den Kopf und die restlichen Knochenteile. Und die Hausfrauen wussten es zu schätzen und entwickelten im Lauf der Jahrhunderte wahre Köstlichkeiten aus den Resten der Adelsküchen. Noch gut erinnere ich mich an die Rindfleischreste vom Sonntag, die meine Mutter in einer Brennsoße, verfeinert mit Gurkenwürfelchen und Kapern, am Montag auftischte.

Ein Überbleibsel vom Schlachttag war das Blut. Der austretende Lebenssaft wurde in einer Schüssel aufgefangen, kam in einen vorbereiteten Topf auf den Herd, wo das Blut ständig – ähnlich einem Risotto – gerührt wurde, bis es eindickte. Anschließend wurde es mit Salz, Pfeffer, Majoran und Knoblauch gewürzt. Um eine gewisse Festigkeit zu gewinnen, gab die Köchin die am Vortag gekochte Rollgerste dazu. Noch warm wurde dies am Schlachttag verspeist. Für die Mitarbeiter gab es Bier und einen Schnaps. Mir waren Blut- und Leberwürste aus dem Wurstkessel mit Kraut lieber.

Das Christentum kennt keine Vorschriften, die bestimmte Speisen verbieten. Da alle Pflanzen und Tiere von Gott zur Nutzung durch den Menschen geschaffen wurden, sind sie auch zum Verzehr erlaubt. So weit, so gut. Dennoch ist allgemein bekannt, dass bestimmte Tiere für den Verzehr tabu sind. So werden Pferde, Esel, Hunde und Katzen, Mäuse, Ratten und Schlangen kaum bis gar nicht verzehrt.

In Frankreich wurde die Verwertung des Pferdefleisches propagiert. Auch bei uns gab es im letzten Jahrhundert in jeder größeren Stadt spezielle Pferdeschlachtereien. Pferdefleisch konnte sich bei uns nicht durchsetzen, haftete diesem doch immer noch das Image des Arme-Leute-Essens an. Katzen und Hunde wurden nur in Notzeiten verzehrt. An den Kuscheltieren wollte sich niemand vergreifen. Dagegen waren Frösche noch bis Mitte des letzten Jahrhunderts eine Delikatesse. Tiefgekühlt wurden sie kartonweise aus Kanada geliefert, um, in Ei gewälzt und gebraten, verspeist zu werden.

GEBACKENE FRÖSCHE

(Rezept aus einem alten Kochbuch)

Wenn die Frösche gehörig geputzt und gewaschen worden sind, werden sie eingesalzen, dann gleich darauf in untereinander gemachtem Semmelmehl umgeschwungen und aus heißgemachtem Schmalz schön gelb heraus gebacken. Oder man macht ein Teiglein von Milch, Mehl und Eiern, wie einen dicken Flädlesteig, kehret die eingesalzenen Frösche darin um und backt sie ebenfalls aus heißgemachtem Schmalz gelb heraus.

Um an Fleisch zu kommen, schreckten die Menschen vor nichts zurück. So war die Nachfrage nach Eingeweiden groß; Euter, Ochsenmaul, Ohren und Füße waren hochgeschätzt. Des Weiteren machte man Jagd auf alles, was nicht schnell genug auf die Bäume kam. Aber auch hier war keine Sicherheit: Eichhörnchen, Siebenschläfer, Singvögel aller Art, sogar Raben standen auf dem Speisezettel. Fettes Fleisch galt als besondere Delikatesse. Eine abgearbeitete magere Suppenhenne konnte nur durch stundenlanges Kochen genießbar werden. Der Spruch »Lege der Henne einen Kieselstein in das Wasser, wenn dieser dann weich ist, lass sie noch zwei Stunden auf dem Herd kochen« sagt alles.

VON ALLERLEI GETRÄNKEN

Wasser war der ursprüngliche Durstlöscher. Wasser gab's umsonst. Bis heute steht in manchen Hotels in der Schweiz ein großer Krug mit kühlem Wasser auf dem Mittagstisch. Auch bei meinem letzten Besuch in Wien war ich erstaunt, wie selbstverständlich auf Wunsch kostenlos Wasser serviert wurde. Leider stirbt dieser Brauch der Gastlichkeit aus. Wasser, das Lebenselixier aller Lebewesen, wird immer kostbarer.

Die Verschmutzung des flüssigen Goldes hat schon im Mittelalter begonnen. In den Städten lagen die Brunnen nicht selten in der Nähe von Klo-Gruben, welche das Wasser verunreinigten. Auf der Alb, einem Land fast ohne Quellen, waren die Bewohner gezwungen, Zisternen oder Hülen anzulegen, was im Sommer zu erheblicher Verschmutzung führte. Krankheit und Tod waren die Folge. Um dem zu entgehen, stiegen die Menschen auf alkoholische Getränke um.

Lange Zeit stand der Weinverbrauch an erster Stelle. Mönchen standen pro Tag bis zu vier Liter Wein zu. Knechte mussten sich mit derselben Menge Most begnügen. Die Trunksucht war überall zu beobachten. Schon morgens bei Sonnenaufgang trank der Bauer sein erstes Glas Wein, dem im Laufe des Tages noch viele folgen sollten. Wein war Bestandteil jeder Mahlzeit. Diese Zeit ging als das »versoffene Zeitalter« in die Geschichte ein. Die endlosen Wagenkolonnen, die sich, voll beladen mit Weinfässern, über die Alb quälten, waren ein alltäglicher Anblick. Das Ziel war meistens die Reichsstadt Ulm, wo auf dem Weinhof an den Markttagen aus bis zu dreihundert Fahrzeugen Wein angeboten wurde. Ein Großteil ging per Schiff donauabwärts Richtung Wien. Überall wurde Wein angebaut, sogar in Oberschwaben und im Allgäu – in Bad Waldsee gibt es noch heute die »Weinhalde«. Ja, sogar im Großen Lautertal gab es Versuche, Wein zu erzeugen. In Reutlingen und Ulm gehörte der Weinbau zum Alltag. Allerdings soll es ein räses Getränk gewesen sein. Aus Reutlingen ist überliefert, dass die Frauen ihre betrunkenen Männer nachts umdrehten,

damit der Wein ihnen keine Löcher in den Magen fressen konnte. Aus dem Ulmer Vorort Söflingen sollen Winzer den Erbauern des Ulmer Münsters Wein geliefert haben, der schlichtweg ungenießbar war. Die Maurer schütteten ihn in den Mörtel, um den »Speis« anzumachen. Es wird behauptet, dass die zusammenziehende Wirkung des Weines das Münster bis heute zusammenhält.

»Aber alle Trinker sind beschissen, die sich nicht zu helfen wissen.« So begannen schon die Römer ihre Weine mit Kräutern wie Wermut, Salbei oder Minze aufzubessern. Neben den Kräutern kamen auch orientalische Gewürze zum Einsatz, Honig verminderte die Säure und, heiß getrunken, vertrieb der Wein die Kälte. Unser Glühwein hat also eine lange Geschichte.

Der Weinverbrauch ging nach dem Dreißigjährigen Krieg erheblich zurück. Eine kleine Eiszeit und Verwüstungen durch die Kriege hatten den Weinanbau stark reduziert. Muskateller, Rhein-, Franken-, Elsässer und Breisgauer Weine konnten sich nur noch die Begüterten leisten. Man griff auf das erheblich billigere Bier zurück, das von der Landbevölkerung selbst gebraut werden konnte. In den Städten schossen Brauereien wie Pilze aus dem Boden. So produzierten 1668 allein in Ulm an die 17 Brauereien das begehrte Nass. Als Einzige hat bis heute die »Gold-Ochsen-Brauerei« überlebt. Das obergärige Weißbier wurde zum Volksgetränk und behauptete sich fast 200 Jahre lang.

Erst im 19. Jahrhundert wurde der Gerstensaft vom Most verdrängt. Lange Zeit war der Most geradezu verrufen. Obst war zu schade für die Mostgewinnung und galt als wichtiges Nahrungsmittel. Zu jedem Essen gab es frisches Obst. Im Winter ersetzte das Dörrobst die frische Ware. Vom Mythos Most als schwäbisches Getränk müssen wir uns wohl verabschieden. Er kommt

ursprünglich aus der Normandie, wo er schon lange als Cidre bekannt war.

Auf der Alb war der Most bis 1870 unbekannt. Bier war trotz Eigenproduktion zu teuer und nicht immer ausreichend vorhanden. Bisher hatten die Bauern das Obst ausschließlich zum Schnapsbrennen verwendet. Erst langsam vertrieb der Apfelwein seine Konkurrenten. Also ein noch recht junger Spund auf den schwäbischen Vespertischen. Nach vier Litern Most am Tag, die den Knechten zustanden, tat der Alkohol auch hier seine Wirkung. Den Frauen war der Alkoholgenuss schon immer ein Dorn im Auge. So waren sie froh, als sich später zum Frühstück immer mehr der Kaffee durchsetzte.

Beim Ausbeuten der Bauern waren sich Adel und Klerus wohl einig, aber nicht unbedingt beim Aufteilen der Abgaben. So fiel der Weinzehnte unter die Rubrik des Großen Zehnten und floss in die Kasse der Herrschenden. Der Most fiel unter den Kleinen Zehnten und stand den örtlichen Pfarreien zu. So ist es auch verständlich, dass der Herr Pfarrer die Mosterei unterstützte, was bei den Herrschaften oft böses Blut erzeugte und sie deshalb den Mostverbrauch mit allerlei Verordnungen behinderten.

Der Most, der Wein des armen Mannes, diente auch zum Strecken des Weines. Natürlich übertrieben manche Wirte die Panscherei, und so bestellten die Fuhrleute mit den Worten: »Breng mr au Moscht, no woiß e wenigschtens, dass koi Wei dren isch.« Ganz gerissene Gäste tranken den Wein fast aus, warfen am Schluss ein paar Apfelkerne ins Glas, beschimpften den Wirt als Panscher und verlangten ein neues Getränk. Jeder Bauer, aber auch jeder Bäcker, hatte mehrere Fässer Most im Keller. In einer alten Gesindeverordnung war vermerkt, dass einem Knecht täglich drei bis vier Liter zustanden. Ein Glück, dass irgendwann der Kaffee dem Most das Leben schwer machte. Kaffee wurde mit der Zeit das Hauptgetränk im Haushalt.

Unter Kaffee verstanden die Menschen ein Gemisch aus Malzkaffee, Zichorie und Eicheln. Er ging als »Muckefuck« oder »Muggefugg« in die

Geschichte ein. Die Hauptbestandteile waren geröstete und gemahlene Gerste, geröstete Wurzeln der Wegwarte und Eicheln. Die Wegwarte kam später als Zichorie auf den Markt und erhielt im Volksmund den Namen »Mode«. Natürlich war der Muggefugg von der Bäuerin hausgemacht.

Für die Rösterei des Weizenkaffees genügte eine Pfanne. Später gab es Kaffeeröster in Kugel- oder Walzenform im Handel. Geröstete und gemahlene Gerste, Eicheln und Wegwartewurzeln ergaben ein dunkles, leicht bitter schmeckendes Getränk, das gesüßt und mit reichlich Milch auf den Tisch kam. Richtige Kaffeebohnen kamen nur bei Besuch und an Festtagen in die Kanne. Man rechnete mit vier Bohnen für eine Person. Beim Besuch des Pfarrers wurde die Frau des Hauses auch mal aushausig und erhöhte die Menge der Bohnen, um dem hohen Herrn »an gscheita Kaffee« zu kredenzen.

Als ein alter Bauer vor seinem Tod noch »an Gluschta auf a Tässle rechta Kaffee« kundtat, meinte seine Frau: »Jetzt gibt's koin Kaffee meh, jetzt wird gschtorba. Den Kaffee brauch'e nochher zur Leich.« So war es immer schon in dem Land, wo es viel Steine gab und wenig Brot. Da musste man »sei Sach zammahalta«, so »sagat de Ältere«.

Der Malzkaffee aus meiner Jugendzeit, auch als Blümchenkaffee bekannt, ist wieder in Mode gekommen. Viele ältere Menschen nehmen ihn zum Strecken ihres Bohnenkaffees. So hat eine aus der Not heraus entstandene Ersatzlösung während der Kriegszeit wieder auf unseren Kaffeetisch zurückgefunden. Er hat mit seinem mild-aromatischen Charakter und malzigen Geschmack wieder viele Freunde gefunden. Der geröstete Malzkaffee kann zum Beispiel mit Feigen und Eicheln, aber auch mit Vanille und Kardamom verfeinert werden. Mit magen- und herzschonenden Vorzügen ausgestattet, wird er auch bei uns gern getrunken.

25

REZEPTE

SUPPEN

Suppen zählen mit zu den ältesten Gerichten der Menschheit. Erst mit der Entdeckung des Feuers wurde das Grillen und Braten des Fleisches über dem Feuer üblich. Das Kochen von Fleisch, Gemüse oder Getreide kam erst später dazu, als die Menschen lernten, aus Lehm und Ton die passenden Kochgefäße herzustellen.

Die Getreidekörner wurden am Anfang zum Verzehr geröstet oder verkocht. Eine große Erleichterung war daher die Erfindung des Mahlsteins, konnte doch nun das Schrot besser zubereitet werden. Somit sind Suppe und Brei auf jeden Fall älter als Brot.

Dass in den Kochbüchern der Antike und des Mittelalters häufiger der Brei als die Suppe auftaucht, hängt wohl mit der Einführung des Löffels zusammen. Obwohl die alten Ägypter schon Löffel in ihrer Küche benutzten, aß man in Griechenland, im alten Rom sowie im mittelalterlichen Deutschland die Suppe nicht mit dem Löffel; sie wurde getrunken oder mit Brot ausgetunkt. Erst im 15. Jahrhundert wurde der Löffel Teil des dreiteiligen Essbesteckes. Damals kam die Suppe im Topf auf den Tisch und wurde gemeinsam verspeist, ähnlich dem Schwarzen Brei, der noch Anfang des 20. Jahrhunderts auf dem Lande in der

Muskachel auf den Tisch kam. Die ersten Teller waren den besseren Kreisen als »Brotteller« vorbehalten. Erst im 16. Jahrhundert kamen Teller aus Holz und Zinn immer mehr in Mode.

Die Verbreitung der Suppen, wie wir sie heute kennen, geht ins 17. Jahrhundert zurück, als der Sonnenkönig Ludwig XIV. (1638–1715), ein bekannter Vielfraß, die Suppen zu einer seiner Leidenschaften erhob. Sein Menü begann immer mit fünf verschiedenen Suppen, nach dem Motto: »Lieber eine klare Brühe als ein reines Gewissen.«

Anfang des 18. Jahrhunderts gab es für das einfache Volk in unseren Breiten zum Essen eine kräftige Suppe oder einen Brei, und das war nicht selten auch die Hauptspeise. Dabei wurde die Suppe nicht immer zu Beginn des Menüs serviert. So berichtet Michel de Montaigne (1533–1592) in seinem Reisetagebuch aus Augsburg und Lindau: »Bald kommt der Braten zuerst und die Suppe zum Schluss oder umgekehrt.« In China bekommt man heute immer noch eine klare Brühe als Abschluss eines Essens. Dafür gibt es aber keinen Kaffee.

Was für »Götterspeisen« brodelten doch früher in unseren Töpfen: Wein-, Milch-, Bier-, Metzel- oder Hochzeitssuppen. Ihre Zahl war riesig und mannigfach. Daneben gab es auch noch Schnecken- und Grüne Nusssuppen, Krebs- und Gurkendillsuppen, Milz- und Endiviensuppen. Ganz köstlich sollen all diese Suppen mit einer Vogelbrühe gemundet haben. Sie haben richtig gelesen: Auch unsere Singvögel landeten im Suppentopf. Meist verwendete man aber die eigenen Hühner. Wenn so eine alte »Mistkratzerin« ihre Legetätigkeit einstellte, wanderte sie zum Abschluss ihrer Karriere in den Suppentopf. Damit das Suppenhuhn seine Zähigkeit verlor, musste es lange in Salzwasser gekocht werden. An Backtagen stellte die Bäuerin den Topf mit Henne und Wasser über Nacht in den Backofen, um die Resthitze zu nutzen und den Vogel über Nacht fertig zu garen. Das Beste war hier wohl die Hühnerbrühe, da das Fleisch doch recht trocken

war. Klein geschnitten mit Suppennudeln oder »Riebala« und Brühe vermischt, ergab das Ganze ein herzhaftes Essen.

Um eine gebundene Suppe zu kochen, wurde ein »Zwerle« (Wasser und Mehl) angerührt. Die Zwerlein-Suppen haben einen schlechten Nachgeschmack, bestanden sie doch meist nur aus Wasser, Mehl und Salz und erinnern die Älteren noch heute an die schlechten Zeiten. Für gebundene Suppen nahm man das restliche Spätzles- oder Knöpfleswasser, denn Wasser war früher auf der Alb kostbar – besonders in heißen Sommern, wenn die Hauszisternen und die Hülen austrockneten und das Wasser ungenießbar wurde. Wenn die Bäuerin klagte: »Ons däd's Wasser scho no, abr 's Vieh sauft's nemme«, war es an der Zeit, Pferde oder Ochsen anzuspannen und in mühseliger Arbeit Wasser vom Tal auf die Alb zu karren. Erst am 18. Februar 1871 konnte die erste Wasserleitung auf der Alb eingeweiht werden. Die Zeit, als Neugeborene wegen Wassermangels noch im Spätzleswasser gebadet wurden, ging damit zu Ende.

Von der Supp und der Liebe sind die ersten Löffel voll die besten.

In der Stadt gab es an bestimmten Tagen für ein paar Pfennige Wurstbrühe beim Metzger. Wohl dem, der eine große Verwandtschaft hatte, denn nach dem Motto »Viel Vettra, viel Lompa, viel Bäsla, viel Metzelsupp« kam er doch des Öfteren zu einer kräftigen Suppe. Bei reicheren Bauern und in wohlhabenden Bürgerhäusern wurden auch rote Würste, Saiten- oder Leberwurst dazu gereicht. Wo Schmalhans Küchenmeister war, verlängerte man die Suppen mit Mager- oder Buttermilch. Als die Zeiten besser wurden, verfeinerte man die Suppe mit Sahne und Eigelb. Im Oberland, Richtung Allgäu, mischte man der Suppe auch geriebenen Hartkäse bei. In alten Zeiten, als die Brotsuppe noch eine geschätzte Fastenspeise war, streuten unsere Altvorderen noch Mandeln und Weinbeeren als Gaumenschmeichler darüber. Suppen waren so beliebt wie das Mus und kamen fast täglich auf den Tisch. Waren sie doch die idealen Resteverwerter. Gemüse-, Brot- oder Mehlspeisenreste fanden zusammen mit Kartoffelsud und Spätzleswasser die letzte Verwendung. Denn »jo nix vrkomma lau« wurde schon den Kindern eingebläut. Abfälle wie heute kannten unsere Altvorderen nicht.

Nicht selten stellte die Bäuerin die mit abgeschmälzten Zwiebeln verfeinerte Spätzlesbrühe auf den Tisch. Zur »Bettelleit's Supp«, wie diese im Volksmund hieß, gab es eine Schüssel Kartoffeln in der Schale, die jeder selbst schälte. Im Sommer fügte man geschnittenen Schnittlauch zu. Daraus entstand »Bettelma's Supp«, die meistens ohne Schmälze mit einem Ranken Brot oder Kartoffeln kredenzt wurde. Später entwickelte sich daraus der Eintopf »Kartoffelschnitz ond Spatza«, der mit gekochter Ochsenbrust und abgeschmälzten Zwiebeln verfeinert als »Gaisburger Marsch« noch heute zu den schwäbischen Spezialitäten zählt.

Heute ist die Suppenkultur auf ein paar gängige Rezepte zusammengeschrumpft. Sie soll ja nicht satt machen, sondern nur unseren Appetit auf die nachfolgenden Speisen anregen. Die heutigen Suppen sind meist mit einem Schuss Wein und Sahne aufgepeppt. Zudem werden sie als Appetitanreger in meinen Augen viel zu teuer angeboten.

D'Leit send gschleckat,
was wird emmer gmeckert,
isch aber guat,
no ziagt ma da Huat.

DIE EINBRENNE

ZUTATEN
Fett (Butterschmalz)
Mehl
Brühe oder Wasser
Salz und Pfeffer
Essig oder Wein
Lorbeer
Zucker
flüssige Sahne (optional)

ZUBEREITUNG: Das Fett in einer Kasserolle erhitzen, das erforderliche Mehl darin unter ständigem Rühren braun rösten. Je länger das Mehl röstet, desto dunkler wird es. Nicht zu dunkel rösten, sonst schmeckt die Suppe oder Soße bitter. Hat die Einbrenne die gewünschte Farbe erreicht, mit kalter, dann mit heißer Brühe oder Wasser aufgießen. So vermeidet man die Klümpchenbildung. Würzig abschmecken. Essig oder ein Schuss Wein sollte nicht fehlen.

So schlimm konnten die Suppen und Soßen nicht geschmeckt haben, denn unsere »Sauren Kartoffelrädla« waren beim Mittagstisch ein echter Renner und zuerst ausverkauft.

TIPP: Zeitsparend ist es, wenn Sie gebräuntes Mehl auf Vorrat haben. Dabei wird das Mehl auf einem Backblech oder größeren Kasserolle im Rohr gebräunt. Aber Vorsicht: Nicht zu viel Hitze! Das Mehl von Zeit zu Zeit wenden. Eignet sich gut zum Abbinden brauner Soßen.

Das richtige Maß der Zutaten zur Einbrenne sind etwa ein Drittel Fett zu zwei Drittel Mehl.

EINLAUFSUPPE

ZUTATEN für 4 Portionen

2	**Eier**
1 EL	**Mehl**
1 l	**Fleischbrühe**
	Salz
	Muskat
	Grünzeug

ZUBEREITUNG: Eier und Mehl verkleppern und salzen. Danach in die köchelnde Fleischbrühe langsam einrühren und aufkochen. Mit Salz und Muskat abschmecken und mit Grünzeug bestreuen. Eine schnelle Verlegenheitssuppe für alle Fälle. Da die Zutaten in der Brühe Fäden bilden, ist sie im Volksmund als »Baumwollsuppe« bekannt.

Die Suppe ist der erste Trost für den bedürftigen Magen.

BRENNSUPPE

	ZUTATEN für 4 Portionen
50–60 g	**Öl oder Butterschmalz**
4 EL	**Mehl**
1 ½ l	**Wasser**
	Salz und Pfeffer
1	**Zwiebel, fein gewürfelt**
nach Gusto:	**Kümmel, Gewürzkräuter, 1 Löffel Essig**

ZUBEREITUNG: Die Brennsupp, auch Braune Mehlsupp, Einbrenn- oder Gebrannte Mehlsupp genannt, zählt zu den Urahnen der schwäbischen Suppenküche. Sie fehlt in keinem alten Kochbuch und wird je nach Region verschieden betitelt. Auf den Mittagstischen ist sie so gut wie verschwunden. Der Aufwand, die rauchende Küche und der Geschmack entsprechen nicht mehr dem Zeitgeist.

Sollten Sie trotzdem eine dieser würzigen Brennsuppen zubereiten, müssen Sie einige Grundregeln beachten: Als Fett nie Butter oder Margarine verwenden, denn sie würden verbrennen und die Suppe bitter schmecken lassen. Nehmen Sie also Öl oder Butterschmalz. Zum Ablöschen der Mehlschwitze zuerst nur kaltes oder lauwarmes Wasser nehmen. Später können Sie mit heißem Wasser weiter auffüllen. Wer gerne fettarm kochen will, kann das Mehl auch in einer beschichteten Pfanne anbräunen. Ab und zu umrühren.

TIPP: Die Brennsupp wird am besten als eine Art Eintopf mit Kartoffeln oder Bohnen serviert. Und sie ist Hauptbestandteil der schwäbischen Kuttelsuppe, die auch heute noch hoch geschätzt wird.

BRENNTE GRIEẞSUPPE

ZUTATEN für 4 Portionen

50–60 g	Fett (Butterschmalz)
60–80 g	Grieß
1 l	Brühe oder Wasser
	Salz
	Muskat
1	Ei
wer's mag:	angedämpfte Zwiebeln, Schnittlauch

ZUBEREITUNG: Den Grieß im zerlassenen Fett unter ständigem Rühren anrösten. Mit der Brühe oder dem Wasser auffüllen und einige Minuten köcheln lassen. Abschmecken. Mit einem Ei verfeinern oder mit angedämpften Zwiebeln abschmälzen. Mit Schnittlauch bestreuen.

GRIEẞSUPPE

ZUTATEN für 4 Portionen

1 l	Fleischbrühe
60 g	Grieß
	Salz
	Muskat
1	Ei
	Grünzeug

ZUBEREITUNG: Die Fleischbrühe zum Kochen bringen, den Grieß einrühren und ca. 20 Minuten köcheln lassen. Abschmecken und das verkleppertе Ei unterziehen. Mit Grünzeug bestreuen.

VARIANTE: Bei der eingelaufenen Grießsuppe wird der Grieß mit 2 bis 3 Eiern angerührt und in die Brühe gegeben.

BACKERBSENSUPPE

ZUTATEN für 4 Portionen

30 g	**Mehl**
1–2 EL	**Milch**
1	**Ei**
	Salz
200 g	**Backfett** (Butterschmalz)
1 ½ l	**Fleischbrühe**
	Schnittlauch

ZUBEREITUNG: Aus Mehl, Milch, Ei und Salz einen dickflüssigen Pfannkuchenteig anrühren. Dieser wird durch ein Knöpflessieb in das heiße Fett passiert, worin die Backerbsen schwimmend gleichmäßig hellbraun herausgebacken werden. Die Backerbsen auf einem Seiher gut abtropfen lassen. Früher legte man sie dazu auf Brotschnitten, auf dass ja kein Tropfen Fett verloren ging. Vor dem Servieren gibt man die Backerbsen in eine vorgewärmte Schüssel und übergießt sie mit der heißen Fleischbrühe. Schnittlauch nicht vergessen.

BIERSUPPE

Als die Männer noch lang und hart arbeiten mussten, war eine Biersuppe für sie der reinste Energietrunk. In der Stadt holten die Frauen oder die größeren Kinder aus der nächstgelegenen Wirtschaft an einem speziellen Ausschank im Flur einen Krug Bier. Bier in Flaschen gab es nur selten. Ich erinnere mich noch genau an die Bierfahrzeuge, die unsere Straße entlangfuhren – gezogen von zwei stämmigen Rössern und beladen mit Holzfässern und Eisstangen. Besonders meine Großmutter beobachtete die Pferdefuhrwerke mit großem Interesse. Beim Abladen hatten die Pferde Pause und entledigten sich ihrer wertvollen Pferdeäpfel, auf die meine Großmutter großen Wert legte. Einen von uns Enkeln schickte sie dann rasch auf die Straße, um die wertvolle Fracht zu retten, die sie dringend für die Blumen- und Tomatendüngung benötigte. Aber zurück zur Biersuppe.

ZUTATEN für 4 Portionen

1 l	Bier
	Mehl
	flüssige Sahne
1–2	Eigelb
	Salz und Pfeffer
	Zucker
	geröstete Brotwürfel
	Butterschmalz

ZUBEREITUNG: Das Bier mit 1 Tasse Wasser erhitzen und abschäumen. Ein Zwerle (Wasser und Mehl) anrühren und die Suppe abbinden. Vor dem Servieren die Sahne mit dem Eigelb verquirlen und die Suppe damit verfeinern. Abschmecken und die angerösteten Brotwürfel über die Suppe geben.

Es war üblich, die Biersuppe mit Brot nahrhafter zu machen. So wurde die heiße Suppe teilweise über das fein geschnittene Brot gegossen. Anderenorts röstete man Brotbrösel im Schmalz hellgelb an und übergoss diese danach mit der heißen Biersuppe.

No lassad's eich no schmecka ond fühlat eich wia drhoim.

KARTOFFELSUPPE

Die Kartoffelsuppen schmeckten uns Kindern immer gut, besonders wenn es dazu ein Leberwurstbrot gab. Es war ein einfaches, nahrhaftes und preiswertes Essen. Im Herbst, wenn wir Kinder mit unserer Mutter die Kartoffeläcker des Nachbarn nachlesen durften, gab es immer wieder vom Kartoffelroder verletzte Kartoffeln, die man schnell verarbeiten musste, da sonst die »Krombira« oder »Aidäpfel« zu faulen begannen. Zwei bis drei Säcke zogen wir abends stolz und müde in unserem »Loiderwägale« nach Hause. Im Spätherbst, nach der Ernte, begannen die Bauersleut die Kartoffeln zu verlesen. Es gab Saatkartoffeln, die mit vielen Augen, dann Saukartoffeln – das waren die kleinen und unförmigen Knollen – und zuletzt Salat- und Kochkartoffeln für die Küche. Wir sammelten meist sieben bis acht Zentner, die, im dunklen Keller gelagert, bis zur nächsten Ernte reichten.

ZUTATEN für 4 Portionen

500 g	**mehligkochende Kartoffeln**
1–2	**Gelbe Rüben**
1	**Zwiebel**
1	**Stange Lauch**
100 g	**Butterschmalz**
1 l	**Fleischbrühe oder Wasser** (manche geben auch noch die gleiche Menge Milch hinzu)
	Salz und Pfeffer
	Muskat
	Majoran

ZUBEREITUNG: Kartoffeln und Gelbe Rüben schälen und fein würfeln. Zwiebel fein schneiden, Lauch halbieren, gut waschen und in Streifen schneiden. Das Fett in einer Kasserolle erhitzen und das zerkleinerte Gemüse mit den Kartoffeln 5 Minuten andünsten. Fleischbrühe oder Wasser und gegebenenfalls Milch hinzugießen und bei mittlerer Hitze etwa 40 Minuten köcheln lassen. Einen Teil der Gemüsestücke pürieren, um damit die Suppe abzubinden, abschmecken und mit Grünzeug bestreuen. Ganz »Aushausige« verfeinern die Suppe noch mit Sahne und angerösteten Speckwürfeln.

VARIANTE: Rohe Kartoffeln schälen und in grobe Scheiben schneiden. In Salzwasser kochen. Spätzle herstellen, kochen und Kartoffelwasser mit der Spätzlesbrühe auffüllen. Kurz alles durchkochen und mit angedämpften Zwiebeln abschmälzen. Schnittlauch nicht vergessen.

Das Ganze mit rohen Kartoffeln zuzubereiten, bringt den Vorteil, dass die Brühe sämig wird. Die Kartoffelbrühe und der Spätzlessud sind bei dieser Variante zugleich die Suppenbrühe. Es war eine typische, fleischlose Arme-Leute-Suppe, die noch heute bei einer Bekannten alle zwei Wochen auf den Tisch kommt. Arm heißt ja nicht gleich schlecht.

Wenn de Reiche wiaßtet, wia guat so a Kartoffelsupp schmeckt, hättat de Arme bald koina meh.

FLEISCH- UND KNOCHENBRÜHE

Wenn das Fleisch ausschließlich zur Gewinnung einer guten Brühe dienen soll, wird es in kaltem Wasser angesetzt. Umgekehrt ist es, wenn im Vordergrund das Fleisch steht, um es später aufzutischen. Dann wird es in köchelndes Wasser gelegt, damit es saftig bleibt.

ZUTATEN für 4 Portionen

500 g	**zerkleinerte Rinderknochen** (ein Teil davon Markknochen)
1 Bund	**Suppengrün**
½	**Zwiebel**
	Salz
	Muskat
	Schnittlauch, klein geschnitten

ZUBEREITUNG: Die Knochen kurz in Wasser aufkochen, abgießen und mit kaltem Wasser abspülen. Dann mit 2 l Wasser erneut aufkochen. Suppengrün beigeben. Damit die Brühe Farbe bekommt, eine ungeschälte Zwiebel halbieren, mit den Schnittstellen in einer Pfanne anbräunen und in den Topf geben. Die Brühe salzen und nur leicht köcheln lassen, damit sie nicht trüb wird. Ab und zu den Schaum abschöpfen. Die Kochzeit beträgt etwa 3 bis 4 Stunden, im Dampfkochtopf etwa 30 Minuten. Vor dem Servieren abseihen und mit Salz und Muskat abschmecken. Beim Servieren niemals den Schnittlauch vergessen.

GERSTENSUPPE

Bekannt war bis ins 19. Jahrhundert hinein die Ulmer Gerste, auch Perlgraupe oder Rollgerste genannt. Als Krankensuppe finden wir sie in Kochbüchern jener Zeit. Dafür wird die Gerstensuppe durch ein Sieb passiert. Die Ulmer Gerste wurde in den Mühlen der Blau geschrotet und in Fässern bis nach Sankt Petersburg verschickt.

ZUTATEN für 4 Portionen

60 g	**Gerste**
30 g	**Butter**
1 EL	**Mehl**
1 l	**Fleischbrühe**
1 Bündel	**Suppenkräuter**
	Salz
	Muskat
	flüssige Sahne
1	**Eigelb**

ZUBEREITUNG: Die Gerste gut waschen und in einem Sieb abtropfen lassen. Die Butter in einem Topf erhitzen und die Gerste dazugeben. Das Mehl darüberstreuen, mit der Brühe auffüllen und mit den Kräutern gar kochen (etwa 45 Minuten). Mit Salz und Muskat abschmecken. Vor dem Servieren mit etwas Sahne und dem Eigelb abziehen.

TIPP: Um die Kochzeit zu verkürzen, die Gerste über Nacht einweichen.

FLÄDLESSUPPE

ZUTATEN für 4 Portionen

200 g	**Mehl**
500 ml	**Milch**
1 Prise	**Salz**
3	**Eier**
1 l	**Brühe**
	Grünzeug

ZUBEREITUNG: Im Schwabenland darf eine Flädlessuppe nicht fehlen. Also etwas Mehl mit Milch und Salz glatt rühren. Erst am Schluss die Eier unterrühren. Danach den Teig etwas ruhen lassen. In einer heißen, »fettarmen« Pfanne dünne Pfannkuchen ausbacken. Zum Abkühlen die Flädla auf einen umgedrehten Suppenteller legen. Vor dem Servieren in der Brühe in Streifen schneiden und alles mit Grünzeug bestreuen.

VARIANTE: Mit etwas mehr Arbeit verbunden sind die gefüllten Flädla – echte Resteverwerter und Sattmacher. Für die Füllung eingeweichte Wecken und Fleischreste mit Eiern und angedämpften Zwiebeln gut vermengen. Auf den Flädla verteilen, den Rand mit Eiweiß bestreichen und alles zusammenrollen. In der leicht köchelnden Brühe kurz ziehen lassen. Anschließend in breite Streifen schneiden und in der Brühe servieren.

A fetta Küche
gibt oft a magers Teschtament.

RIEBELESSUPP

Eine Suppe aus uralten Zeiten. Denn einfacher ging es kaum. Es ist im Grunde eine Verlegenheitssuppe, besonders wenn einmal keine Küchenreste aufzufinden waren und die Zeit drängte. Gerade in der Erntezeit, wenn die Bauern jeden Sonnenstrahl ausnutzen mussten und auch die Bäuerin von morgens früh bis abends spät im Ernteeinsatz war, blieb kaum Zeit für die Küchenarbeit. Dann wurde eben auf die Schnelle eine Suppe gekocht, ebenso schnell gegessen, und ab ging es wieder aufs Feld. Eine Brühe vom Vortag war noch da, fehlte nur die Einlage. Und nichts ging flotter von der Hand, als Riebele zu machen.

ZUTATEN für 4 Portionen

100–150 g	Mehl
1–2	Eier
	Salz
1 l	Fleischbrühe
	frische Kräuter

ZUBEREITUNG: Mehl, Eier und eine Prise Salz zu einem festen Teig kneten. Mit einem Reibeisen die Riebele auf einen Teller oder direkt in die heiße Brühe reiben. Die Suppe vor dem Servieren würzen und mit Kräutern bestreuen.

Wenn genug Zeit war, ließ man die Riebele trocknen, gab sie in die Brühe und ließ sie etwa 5 bis 6 Minuten köcheln. Wenn man noch mehr Zeit hatte, stellte man Riebele auch auf Vorrat her und hängte sie getrocknet in einem Leinensäcklein in der Speisekammer auf. War keine Reibe im Haus, zerkleinerte man den Teig mit einem Messer oder zerquetschte ihn mit einer Gabel.

Riebele, Riebele, bronz en's Kübale,
leer an aus und du bisch drauß.

Riebele heißt im Schwäbischen nichts anderes als Stück oder Stückchen. Wenn man zum Beispiel sagt: »Der hot vielleicht an Riebel«, so meint der Schwabe, dass derjenige einen großen Kopf hat. Als Riebele wird dagegen der Brotanschnitt bezeichnet. »An Riebel Brot« ist demzufolge ein großes Stück vom Brotlaib.

BLUMENKOHLSUPPE

Die verschiedenen Kohlarten stehen mit 35 Millionen Tonnen jährlich an erster Stelle des Gemüseanbaus. Ganz vorn natürlich das Weißkraut, danach folgt an zweiter Stelle der Blumenkohl, der wahrscheinlich aus Südgriechenland stammt. 1490 wird er erstmals in Italien erwähnt, von wo aus er seine Reise nach Frankreich und weiter nach Belgien und Holland antrat und dort zu seiner heutigen Form gezüchtet wurde. 1542 erscheint er auf Abbildungen auch in Deutschland.

ZUTATEN für 4 Portionen

1 kleiner	Blumenkohl
30 g	Butter
40 g	Mehl
1 ½ l	Wasser
1	Eigelb
	flüssige Sahne
	Salz und Pfeffer
	Muskat

ZUBEREITUNG: Den Blumenkohl 10 Minuten ins kalte Salzwasser legen. Dann ergreift auch das letzte Würmchen die Flucht. Den Kohl in kleine Röschen teilen und 8 bis 10 Minuten in reichlich Wasser kochen lassen. Danach aus Butter und Mehl eine Mehlschwitze ansetzen und mit der Blumenkohlbrühe aufgießen. Die Suppe abschmecken und einige Minuten köcheln lassen. Mit Eigelb und Sahne verfeinern, anschließend die Blumenkohlröschen wieder zufügen.

VARIANTE: In der einfacheren Ausführung benützt man nur den Blumenkohlsud zur Suppe. Empfehlenswert ist hierbei, dem Kochwasser eine Tasse Milch beizufügen. Als Einlage nimmt man hier den fein gehackten Strunk. Etwas Sahne zum Schluss sollte auch hier nicht fehlen.

WEINSUPPE

Manchmal steht eine angebrochene Weißweinflasche in der Ecke und verliert langsam an Geschmack. Da bietet sich eine Weinsuppe als Resteverwertung an, denn: »Fir a Supp isch'r guat gnuag, zum Wegschmeißa isch'r dann doch z'schad.«

ZUTATEN für 4 Portionen

- 250 g flüssige Sahne
- 500 ml Brühe
- 250–500 ml Weißwein
- 2 EL weiche Butter
- 2 EL Mehl
- Salz und Pfeffer
- gemahlener Kümmel
- Brotwürfel
- Butter

ZUBEREITUNG: Sahne und Brühe aufkochen, Wein zugeben und kurz zusammen aufkochen. Eine »beurre manié« herstellen, also die Butter und das Mehl mit einer Gabel vermischen und die Suppe damit abbinden. Würzen. Brotwürfel in etwas Butter anbräunen und kurz vor dem Servieren zur Suppe geben. Ein feines Süpple!

So ebbes Guat's gibt's bloß drhoim!

LEBERKNÖDELSUPPE

ZUTATEN für 4 Portionen

- 5 altbackene Wecken
- 125 ml Milch
- 1 Zwiebel, fein gehackt
- Peterling, klein geschnitten
- Butter
- 150 g gehackte Rinderleber
- 2 Eier
- Paniermehl
- Salz und Pfeffer
- Muskat
- Majoran
- 1 l Fleischbrühe
- Schnittlauch

ZUBEREITUNG: Die Wecken in Scheiben schneiden und mit der lauwarmen Milch einweichen. Einen großen Topf mit Salzwasser aufsetzen. Die Zwiebelwürfel und den gehackten Peterling in etwas Butter anschwitzen. Die Wecken ausdrücken und mit den Peterling-Zwiebeln, der Leber und den Eiern vermengen. Mit Salz, Pfeffer, Muskat und Majoran würzen. Wenn die Leberknödelmasse zu feucht ist, noch etwas Paniermehl untermengen. Ganz Vorsichtige geben einen Probeknödel ins köchelnde Salzwasser. Die Knödel etwa 20 Minuten ziehen lassen. Danach in der Fleischbrühe mit Schnittlauch servieren.

TIPP: Sehr gut schmecken Leberknödel auch auf Sauerkraut. Vor dem Servieren dann mit angedämpften Zwiebeln abschmälzen. Empfehlenswert: die gehackte Leber beim Metzger vorbestellen.

LEBERSPÄTZLESSUPPE

In schlechten Zeiten war diese Suppe ein komplettes Mittagessen. Dazu reichte man Kartoffelsalat. Dieses Gericht hat auch heute noch eine große Anhängerschaft. Eine schwäbische Einladung lautet meistens: »Ha, jetzt kommad halt amol vorbei.« Sollte sich nun wider Erwarten der Besuch einstellen, so beherzigen Sie einfach den Spruch: »Drei sind geladen, sechs sind gekommen, gieß Wasser zur Suppe, heiß alle willkommen.«

ZUTATEN für 4 Portionen

200 g	gehackte Rinderleber
200 g	Mehl
2–3	Eier
	Salz und Pfeffer
1 l	Fleischbrühe
	Zwiebeln
	Grünzeug

ZUBEREITUNG: Aus Leber, Mehl, Eiern, Salz und Pfeffer einen nicht zu festen Teig herstellen und gut schlagen. Etwas ruhen lassen. Mit dem Spätzlesschaber den Teig ins köchelnde Salzwasser geben, aufkochen lassen, die Spätzle herausnehmen und in eine Schüssel geben. Mit heißer Fleischbrühe aufgießen, mit angedämpften Zwiebeln abschmälzen und mit geschnittenem Grünzeug bestreuen.

BAULÄNDER GRÜNKERNSUPPE

Schon seit über 300 Jahren wird in Süddeutschland, besonders aber im Bauland, Dinkel angebaut, in unreifem Zustand geerntet und auf sogenannten »Darren« getrocknet. Dass das Dinkelgetreide überlebte, hat es in erster Linie seiner Bescheidenheit zu verdanken. Es wächst auch noch in Höhen und auf Böden, wo der Weizen nicht mehr gedeiht.

Als Nahrungsmittel ist der Grünkern dank seines herzhaften Geschmacks und seines Nährwertes Reis und Sago weit überlegen. Aufgrund dieser Eigenschaften ist er in der Diätküche ein gern gesehener Gast. Ein Großteil der Ernte geht heute an die Suppenindustrie, wo er als Grundbestandteil von Fertigsuppen verwendet wird.

ZUTATEN für 4 Portionen

- 1 Lauchstange
- 1 kleine Sellerieknolle
- 2–3 EL Butter
- 70 g Grünkernmehl
- 1 ½ l Wasser oder Gemüsebrühe
- Salz
- Muskat
- flüssige Sahne
- Brotwürfel

ZUBEREITUNG: Das Gemüse waschen, klein schneiden und in der Butter anschwitzen. Das Grünkernmehl dazugeben, kurz mit andämpfen und mit der Brühe aufgießen. Mit Salz und Muskat würzen. Gut durchrühren und langsam etwa 15 Minuten köcheln lassen. Vor dem Servieren mit der etwas Sahne verfeinern und abschmecken. Mit angerösteten Brotwürfeln garniert, servieren.

GEIGENKNÖPFLESSUPPE

Die »Geigaknöpflessupp« zählt zu den Veteranen der schwäbischen Küche. Für das »Geigamehl« wurden früher extra geigenähnliche blasse Semmeln gebacken und zermahlen. Aus den »Ulmer Geigen« wurde das geschätzte Ulmer Mutschelmehl hergestellt.

ZUTATEN für 4 Portionen

2–3	Eier
50 g	Mutschelmehl
	Salz
	Muskat
1 l	Fleischbrühe

ZUBEREITUNG: Die Eier gut verquirlen, das Mutschelmehl unterrühren und mit Salz und Muskat würzen. Die Masse kurz quellen lassen, mit einem Esslöffel Knöpfla formen, ins siedende Salzwasser geben und 5 bis 6 Minuten ziehen lassen. Danach ab in die Brühe. Dies ist die Alltagsversion.

VARIANTE: Zum Sonntag oder gar zu einer Hochzeit werden die Geigenknöpfle erst noch in Fett braun herausgebacken. Ein Muss für jede Hochzeit. Natürlich kann man die braunen und weißen Knöpfla auch gemischt in die heiße Fleischbrühe legen. Schnittlauch nicht vergessen.

PILZSUPPE

ZUTATEN für 4 Portionen

500 g	Pilze
1	Zwiebel, gewürfelt
100 g	Speckwürfel
1 EL	Butterschmalz
125 ml	Weißwein
500 ml	Brühe
2–3	Kartoffeln
	Salz und Pfeffer
	Thymian
	gehackter Peterling
125 g	flüssige Sahne

ZUBEREITUNG: Die Pilze klein schneiden. Die Zwiebel- und Speckwürfel im Fett glasig andünsten. Die Pilze zugeben, vermischen und mit Weißwein ablöschen. Brühe zugeben. Die rohen Kartoffeln schälen, fein würfeln und in die Suppe geben. Alles etwa 20 Minuten köcheln lassen. Mit Salz, Muskat und Thymian abschmecken, Peterling zugeben und mit der Sahne verfeinern.

LAUCHSUPPE

ZUTATEN für 4 Portionen

1–2 Stangen	Lauch
150 g	Kartoffeln
2 EL	Butter oder Butterschmalz
1 l	Fleischbrühe oder Wasser
	Salz und Pfeffer
	Muskat
	flüssige Sahne
	gehackter Peterling

ZUBEREITUNG: Den Lauch waschen und klein schneiden. Die Kartoffeln schälen und fein würfeln. Das Fett erhitzen, die Kartoffeln und den Lauch darin anschwitzen. Mit dem Wasser oder der Brühe auffüllen, aufkochen. Mit Salz, Pfeffer und Muskat abschmecken und alles etwa 20 Minuten köcheln lassen. Mit etwas Sahne verfeinern und kräftig mit Peterling bestreuen.

VARIANTE: Eine schnelle Lauchsuppe können Sie auch mit restlichem Kartoffelbrei bereiten. Zur Geschmacksverbesserung mit angebräunten Speck- und Zwiebelwürfeln abschmälzen.

HAFERSCHLEIM

Diese Krankensuppe schmeckt eigentlich nach gar nichts. Mit Abscheu erinnere ich mich an diese »Läbberlessupp«. Aber bei verkorkstem Magen ist sie eine echte Wohltat und oft das Einzige, was ein kranker Magen bei sich behält. Als ein Bauer seiner kranken, bettlägerigen Frau ein Hafersüpple ans Bett brachte, meinte sie nach dem ersten Löffel: »Ma, sei mr ned bös, abr i breng des Zuigs net nonder.« Da zog er beleidigt ab und maulte: »Weggschmisse wird nix. No hau e halt zwoi Oier nei und ess se selber.« Wenn einer von uns Kindern am Essen herummotzte, meinte meine Mutter immer: »Des isch net schlemm, i koch dr nochher a Schleimsüpple.« Schnell aß der Nörgler dann sein verschmähtes Essen auf.

ZUTATEN für 4 Portionen

60–80 g	Haferflocken
1 l	Wasser
1 Prise	Salz

ZUBEREITUNG: Die Haferflocken mit kaltem Wasser ansetzen, etwa 20 bis 30 Minuten köcheln lassen, salzen und durch ein Sieb passieren. Fertig!

GEMÜSEBRÜHE

Früher standen nicht immer Fleisch und Knochen zur Verfügung, um eine Brühe zuzubereiten. Dann kochten die Bäuerinnen eine Gemüsebrühe mit Erzeugnissen aus ihrem Garten.

ZUTATEN für 8 Portionen

1	**Lauchstange**
1 kleine	**gesäuberte Sellerieknolle**
3-4	**Gelbe Rüben**
2	**Zwiebeln**
etwas	**Weißkraut** (wenn vorrätig)
2	**Tomaten**
3-4	**geschälte Kartoffeln**
2-3	**Lorbeerblätter**
	Salz

ZUBEREITUNG: Das Gemüse waschen und zerkleinern und mit den Gewürzen in einen großen Topf mit 2 l Wasser geben. Das Ganze lässt man 2 Stunden köcheln und schon haben Sie eine herrlich duftende Gemüsebrühe.

TIPP: Natürlich können Sie die Brühe auch pürieren und haben dann flugs eine schmackhafte Gemüsesuppe.

BROTSUPPE

Wer kennt nicht die Wendung »Unser täglich Brot gib uns heute« aus dem »Vaterunser«. Brot war und ist seit Jahrtausenden noch immer der Inbegriff unserer Nahrung. Das Brot war heilig. Wenn die Bäuerinnen im Backhaus ihre Brote einschoben, ritzten sie ein Kreuz oder »G S D B« für »Gott segne dieses Brot« in den Brotlaib.

Wie sich doch die Zeiten ändern, heute haben wir Getreide und Brot im Überfluss und werfen es achtlos auf den Müll. Da die Jungen noch nie Hunger leiden mussten, verstehen sie auch nicht, dass die Alten mit schlechtem Gewissen diese Unart beobachten. Brot hat bei uns seinen Wert verloren. Es ist zur Wegwerfware verkommen. Nur die Armen im Land lernen seinen Wert wieder zu schätzen und beginnen, die Rezepte der Altvorderen neu zu entdecken, so auch die Brotsuppen.

Die Brotsuppe ist sicher keine Erfindung der Schwaben. In Portugal gibt es sie zum Beispiel mit viel Knoblauch, und in Italien wird die »Zuppa di Pane« mit geriebenem Käse verfeinert. So »aushausig« wird bei uns allerdings nicht gekocht.

Nach dem Krieg waren Brotsuppen oft die letzte Rettung. Bei uns übergoss die Mutter die Brotreste auch mal nur mit kochendem Wasser, gab gehackten Peterling und ein Stück Margarine bei, und wenn noch ein Ei im Hause war, landete dieses ebenfalls im Topf. Das Ganze verrührte sie mit dem Schneebesen, und fertig war das Nachtessen. Zur Stärkung gab es hin und wieder gekochte Kartoffeln dazu, die jeder selber schälen musste. Kein Brotriebele wurde da vergeudet. Wer Glück hatte, dem schickte der Nachbar eine Kanne Metzelsupp. Ansonsten konnten wir einmal in der Woche beim Metzger kostenlos Wurstbrühe holen. So schwammen doch wenigstens ein paar Fettaugen auf der Suppe.

Die Brotsuppen wurden individuell, ganz nach Gusto zubereitet. Die einen liebten es eher rustikal und überbrühten das Brot, die anderen seihten die Suppe ab und drehten das Brot durch den Wolf. Meine Mutter röstete die Zwiebeln immer an und schmälzte die Suppe damit ab. Bei meiner Tante kam das alte Brot, in Würfel geschnitten, angebraten in einer Brennsuppe auf den Tisch. Wo Schmalhans Küchenmeister war, wurde die Suppe mit Mager- oder Buttermilch verlängert. Später, als die Zeiten langsam besser wurden, verfeinerte meine Mutter die Brotsuppe mit Sahne und Eigelb. Um der Suppe eine andere Geschmacksrichtung zu geben, rundete mancher die Suppe noch mit Bier ab.

In alten Zeiten, als die Brotsuppe während der Fastenzeit auf den Tisch kam, streuten unsere Altvorderen noch Mandeln und Weinbeeren darüber. Die Fastensuppe, die bekanntlich ohne Fleisch zubereitet wurde, war auch unter der Bezeichnung »Wasserschnalle« bekannt. Und da die Schwaben es meisterlich verstanden, aus Speiseresten ein schmackhaftes Mahl zu zaubern, waren auch die altbackenen Laugenbrezeln vor ihnen nicht sicher und landeten als Brezelknödel oder als Brezelsuppen auf dem Tisch. Der Spruch »Viel Steine gab's und wenig Brot« stammt wohl von der Alb. Aber meine Großmutter meinte einmal: »Zu ra Brotsupp hot's emmer no groicht.«

BRENNTE BROTSUPP

ZUTATEN für 4 Portionen

200 g	**altbackenes Brot**
etwas	**Fleischbrühe (optional)**
	Salz und Pfeffer
1 Schuss	**Essig**
	Frühlingszwiebelröllchen

ZUBEREITUNG: Zuerst kochen Sie eine »Brennsuppe« (s. S. 37). Das Brot wird in lauwarmem Wasser eingeweicht und nach etwa 20 Minuten mit den Händen ausgedrückt. Drehen Sie das weiche Brot durch den Fleischwolf und geben es in die vorbereitete Brennsuppe. Eventuell mit Fleischbrühe verdünnen und mit dem Schneebesen verrühren. Zum Schluss kräftig mit Salz, Pfeffer und einem Schuss Essig abschmecken und vor dem Servieren mit Frühlingszwiebelröllchen bestreuen. Auf Wunsch mit angerösteten Zwiebeln abschmälzen.

MILCHSUPPE

Die Milchsuppe war in meiner Kindheit ein gern gesehener Gast auf unserem Speiseplan. Besonders geschätzt wurde sie an kalten Winterabenden als Abendessen. Wenn vom Wochenende noch Hefezopf übrig war, schmeckte sie besonders gut. Ein echtes Resteessen. Erwachsene würzten die Suppe gerne mit Salz und Muskat, was nicht mein Fall war.

ZUTATEN (nach Bedarf)
Milch
altbackenes Weiß- oder Schwarzbrot
altbackener Hefezopf
Zucker oder Honig

ZUBEREITUNG: Die Milch erhitzen. In die erwärmten Suppenteller Brotscheiben legen, mit der heißen Milch übergießen und süßen.

BROTSUPPE MIT LEBERWURST

ZUTATEN für 4 Portionen

200 g	altbackenes Schwarzbrot
1 Stück	Sellerieknolle
1 Stange	Lauch
1	Gelbe Rübe
1	Zwiebel
	Peterling
	Fett (Butterschmalz)
1 EL	Mehl
	Salz und Pfeffer
1 ½ l	Wurstbrühe oder Wasser
100 g	Hausmacher-Leberwurst

ZUBEREITUNG: Das Brot einweichen. Das Gemüse zerkleinern und dämpfen, bis es gar ist. Zusammen mit dem eingeweichten Brot durch ein Sieb streichen oder durch den Wolf drehen. Die Zwiebel würfeln und mit dem zerkleinerten Peterling in etwas Fett anschwitzen, das Mehl dazugeben und alles zusammen leicht anbräunen. Die passierte Gemüse-Brot-Mischung beigeben, mit der Brühe auffüllen und aufkochen lassen. Kräftig abschmecken. Zur Geschmacksverbesserung wird noch die Leberwurst untergerührt.

BREZELSUPPE

Nach dem Wahlspruch »jo nix verkomma lasse« hat die schwäbische Köchin alte Brezeln besonders ins Herz geschlossen. Denn so eine Suppe aus alten Laugenbrezeln »hot a ganz oigenes Gschmäckle«. Fast so gut wie eine frische, knackige Butterbrezel. Als der Kirchenbauer einst im Sterben lag, stand der ganze Haushalt dabei, um Abschied zu nehmen. Endlich hatte er seine Augen für immer geschlossen. Seine Frau reichte den Trauernden zur Stärkung Butterbrezeln. In diesem Moment kam der Kirchenbauer nochmal zu sich. Als er die Trauergemeinde mit den Brezeln sah, meinte er: »Kaum isch ma he, scho wird's Zeigs verfressa.« Butterbrezeln galten im Ländle lange Zeit als Luxus.

Die Schwaben lieben ihr Laugengebäck. Thaddäus Troll soll sogar ein paar extra schöne Exemplare in seiner Küche »an d'Wand ghängt han«. Als ein Kollege ihn einmal besucht und der Trollinger für gute Stimmung gesorgt hatte, bekamen die zwei Zecher Hunger, in Anbetracht des leeren Kühlschranks begannen sie, die alten Brezeln von der Wand zu nehmen, sie abzustauben und zu zerkleinern. Das war sicher die originellste schwäbische Suppe aller Zeiten.

ZUTATEN für 4 Portionen

4	Laugenbrezel
1 l	Brühe
	Salz und Pfeffer
	Muskat
	fein geschnittener Schnittlauch
1	Eigelb
100 ml	flüssige Sahne

ZUBEREITUNG: Die altbackenen Brezeln (1 bis 2 Tage alt) in Scheibchen (Rädla) schneiden, im vorgewärmten Teller verteilen, kochend heiße Brühe dazugeben und kurz ziehen lassen. Abschmecken, fertig. Mit Eigelb und etwas Sahne legiert, ist die Suppe dann schon purer Luxus.

GEBRÜHTE BAUERNBROTSUPPE

ZUTATEN für 4 Portionen

4	**altbackene Brötchen**
etwas	**Fett** (Butterschmalz)
1	**Ei** (pro Teller)
1 ½	**Fleisch- oder Gemüsebrühe**
	Salz
	Muskat
	fein geschnittener Schnittlauch

ZUBEREITUNG: Die Brötchen in Scheiben schneiden und in Fett anrösten. In einen Suppenteller ein Ei schlagen, das angeröstete Brot zugeben und mit heißer Brühe übergießen. Abschmecken und mit Schnittlauch bestreuen.

TIPP: Diese nahrhafte Brotsuppe können Sie noch verfeinern, wenn Sie drei Zehen Knoblauch fein schneiden und in den vorgewärmten Teller legen. Ein Eigelb darübergeben und mit heißer Brühe auffüllen. Statt Brötchen können Sie auch frisches Schwarzbrot in dünne Scheiben schneiden und mit heißer Brühe übergießen. Eine besondere Note erhält das Gericht, wenn man geschnittenen Staudensellerie und rote Zwiebeln in die Brühe gibt.

EINTÖPFE

Der Eintopf war eine wesentliche Ernährungsgrundlage über Jahrhunderte. Der Grund: Auf den Feuerstellen gab es nur Platz für einen Topf, und in dem brutzelte alles, was Haus und Garten zu bieten hatten. Angefangen mit Kohl, Hülsenfrüchten, Getreideschrot und Fleisch, sofern vorhanden. In den Kesseln köchelte eine ständig wechselnde Brühe, deren Inhalt von der Jahreszeit und dem Jagdglück des Hausherrn abhing. Wegen des geringen Geschmackswertes der Körner und des Gemüses fügte man dem Eintopf nach Möglichkeit Speck, Würste oder Rauchfleisch bei. Besonders die im Südwesten geschätzten Erbsen-, Linsen- und Bohneneintöpfe wurden damit aufgepäppelt.

Eintöpfe lassen sich gut mit restlichem Püree oder rohen, geriebenen Kartoffeln abbinden. Eintöpfe mit Hülsenfrüchten sollte man mit kaltem Wasser und ohne Salz aufsetzen. Das verkürzt die Garzeit. Und man kann beim Eintopf sparen, wenn man preiswertes Fleisch verwendet.

Mit dr Gabl isch's a Ehr,
mit am Löffel
kriagt ma mehr.

GAISBURGER MARSCH

Noch im letzten Jahrhundert hieß dieser heiß geliebte Eintopf »Kartoffelschnitz und Spatza«. Es war ein Arme-Leute-Essen ohne Fleisch, denn das war für die meisten Leute unter der Woche kaum erschwinglich. Nicht selten benutzte man die restliche Brühe vom Spätzles- oder Knödelwasser als Brühe, die dann noch mit Spätzle und Kartoffeln angereichert wurde. Wer Schmalz hatte, schmälzte noch Zwiebeln an und gab so dem Essen den letzten Pfiff.

Seinen Namen »Gaisburger Marsch« soll der Eintopf so erhalten haben: Im Stuttgarter Stadtteil Gaisburg waren Soldaten stationiert. Die Produkte der dortigen Gulaschkanone entsprachen nicht immer dem Geschmack der dort Diensttuenden. Es schmeckte ihnen ungefähr so wie vielen Studenten das heutige Mensaessen. Also machten sich hauptsächlich Unteroffiziere abends von der Bergkaserne auf den Marsch durch Gaisburg zur Bäckerschmiede, einem schwäbischen Wirtshaus, wo dieser Eintopf besonders köstlich zubereitet wurde, natürlich mit Fleisch.

ZUTATEN für 4 Portionen

500 g	**Siedfleisch vom Brustkern**
1 ½ l	**Wasser**
1–2	**Gelbe Rüben**
1 Stück	**Sellerieknolle**
1 kleine	**Lauchstange**
1	**Zwiebel**
	Kartoffeln, gewürfelt
	Spätzle, frisch oder vom Vortag (s. S. 65)
	Salz
	Muskat
	Schnittlauch

ZUBEREITUNG: Das Rindfleisch in gesalzenem Wasser mit dem Wurzelgemüse und der Zwiebel aufkochen und gut abschäumen. Nach etwa 2 Stunden den gegarten Brustkern herausnehmen und mundgerecht würfeln. Das Gemüse schon vorher herausnehmen, damit es nicht verkocht, und ebenfalls würfeln. Die Zwiebel klein schneiden und anrösten. Die Kartoffelschnitz etwa 20 Minuten vor Garende des Fleisches mitkochen. Spätzle zubereiten und kurz vor dem Servieren dem Eintopf beigeben. Mit Salz und Muskat abschmecken und mit den gerösteten Zwiebeln abschmälzen. Im Teller reichlich mit Schnittlauch bestreuen.

TIPP: Es muss nicht unbedingt Brustkern sein. Preiswerter ist ein Rippenstück vom Rind. Als Kinder mussten wir früher beim Metzger immer »a Schtück Überzwerch« besorgen. Bei diesem Fleischstück verlaufen die Muskelfasern über Kreuz.

LINSENEINTOPF

ZUTATEN für 4 Portionen

400 g	Linsen
1 ½ l	Brühe oder Wasser
1	Zwiebel, mit Nelken und Lorbeerblatt gespickt
1	Speckschwarte
2	Gelbe Rüben
1	Stange Lauch
1	Sellerieknolle
	Butterschmalz
1 TL	Tomatenmark
1–2 EL	Mehl
	Rotwein oder Essig
	Salz und Pfeffer
	vorbereitete Spätzle (s. S. 65)
1 Paar	Saitenwürstle pro Person

ZUBEREITUNG: Die Linsen mit der Brühe oder dem Wasser gut bedecken, mit der gespickten Zwiebel und der Speckschwarte aufkochen, etwas abschäumen und 10 bis 15 Minuten köcheln lassen. Das Gemüse putzen, würfeln, in Butterschmalz anschwitzen, Tomatenmark dazugeben, mit etwas Wasser aufgießen und etwa 10 bis 15 Minuten dünsten. Das Mehl in Butterschmalz braun anrösten und die Linsen damit abbinden. Der Schwabe liebt seine Linsen gern säuerlich. Ein Schuss Rotwein oder Essig kann deshalb nicht schaden. Anschließend die gespickte Zwiebel entfernen und abschmecken. Die heißen Spätzle und das Gemüse untermengen und nochmals kurz aufkochen lassen. Die heißen Saitenwürstle dazu servieren.

TIPP: Statt mit Saitenwürsten kann der Eintopf auch mit Speck- und Zwiebelwürfeln abgeschmälzt werden. In Norddeutschland wird der Linseneintopf mit Kartoffelwürfeln serviert.

HÜHNEREINTOPF

Früher nannte man die über drei Jahre alten Legehennen »Mistkratzer«. Das waren noch Zeiten, als auf jedem Bauernhof eine Hühnerschar, bewacht von einem rechten »Gockel«, über die Höfe stolzierte. Aber es gibt sie noch, besser gesagt wieder, selbst in Städten.

ZUTATEN für 4 Portionen

1	**Suppenhuhn** (etwa 2 kg)
3	**Gelbe Rüben**
1 kleine	**Sellerieknolle**
1 Stange	**Lauch**
200 g	**Nudeln, am besten Suppennudeln**
	Salz
	Muskat
	gehackter Peterling

ZUBEREITUNG: Das Suppenhuhn waschen und kurz in kochendes Wasser geben. Wasser wegschütten. Das Huhn kalt abspülen. Mit 2 l Wasser neu aufsetzen. Das Gemüse waschen oder schälen und zum Huhn geben. Die Kochzeit des Huhns beträgt 1 ½ bis 2 ½ Stunden, je nach Größe und Alter des Tieres. Das Gemüse früher herausnehmen und würfeln. Die Nudeln abkochen. Das Huhn ist fertig, wenn beim Einstechen mit der Gabel kein rosa Saft mehr austritt. Das Fleisch beim fertigen Huhn ablösen, würfeln, in die Terrine geben, das Gemüse und die Nudeln beigeben. Mit der heißen Brühe übergießen und abschmecken. Mit gehacktem Peterling bestreuen.

TIPP: Auf Wochen- und Bauernmärkten bieten Geflügelhöfe und Landwirte frisch geschlachtetes Geflügel aus Boden- oder Freilandhaltung an. Schmeckt allemal besser als so ein anonymer Eisklumpen aus der Supermarkt-Tiefkühltruhe.

SAURE BOHNENSPATZEN

ZUTATEN für 4 Portionen

60–100 g	**weiße Bohnenkerne**
	Brennsuppe (s. S. 37)
1 Schuss	**Essig oder Rotwein**
oder ½	**Schnapsglas Obstler**
	Salz und Pfeffer
1 Prise	**Zucker**
1	**Zwiebel**
150 g	**Speck**
	Spätzle, frisch oder vom Vortag (s. S. 65)

ZUBEREITUNG: Die Bohnenkerne über Nacht in Wasser einweichen, danach nicht zu weich kochen. Eventuell eine Speckschwarte beigeben. Eine Brennsupp zubereiten, wie bei »Saure Kartoffelrädla« beschrieben (gegenüber). Die abgegossenen Bohnenkerne in die heiße Brennsupp geben und aufkochen. Mit Essig (oder Rotwein) oder Obstler, Salz, Pfeffer und Zucker abschmecken. Zwiebel und Speck würfeln, anschwitzen und mit den Spätzle unter die Brennsupp mengen.

TIPP: Natürlich können Sie statt der Bohnenkerne auch grüne Bohnen verwenden.

SAURE KARTOFFELRÄDLA

ZUTATEN für 4 Portionen

70 g	**Butterschmalz**
2 EL	**Mehl**
1 l	**Brühe oder Wasser**
	Salz und Pfeffer
1 Prise	**Zucker**
1 Schuss	**Essig oder Rotwein**
1	**Zwiebel, mit Nelken gespickt**
2	**Lorbeerblätter**
1 kg	**Kartoffeln**
	Saitenwürstchen

ZUBEREITUNG: Butterschmalz erhitzen, Mehl beigeben und die Mehlschwitze unter ständigem Rühren bräunen lassen. Mit Brühe oder Wasser auffüllen und mit Salz, Pfeffer, Zucker und Essig oder Rotwein abschmecken. Mit der gespickten Zwiebel und den Lorbeerblättern 20 bis 30 Minuten köcheln lassen. Die Kartoffeln kochen, schälen und in Scheiben schneiden. Am besten eignen sich Salatkartoffeln, bevorzugt werden die kleinen Kartoffeln, auch als »Mäusla« bekannt, da sie fester sind und nicht auseinanderfallen. Die gespickte Zwiebel sowie den Lorbeer entfernen und die Kartoffelrädle nun in die heiße Brennsupp geben, vorsichtig untermengen, nochmals abschmecken und mit Saitenwürstle servieren.

Schad, dass mei Buckel ed au no a Bauch isch.

BOHNENEINTOPF

ZUTATEN für 4 Portionen

130 g	**weiße Bohnenkerne**
200 g	**Rauchfleisch vom Bauch**
1 l	**Wasser**
120 g	**Gelbe Rüben**
1	**Zwiebel**
120 g	**Kartoffeln**
	Salz und Pfeffer

ZUBEREITUNG: Die weißen Bohnenkerne, früher abwertend als »Saubohnen« bezeichnet, über Nacht einweichen. Dann mit dem Bauchspeck in etwa 1 l Wasser aufsetzen und 1 Stunde kochen lassen. In der Zwischenzeit das Gemüse putzen, die Kartoffeln schälen, alles in Scheiben schneiden und zu den Bohnen geben. Kräftig abschmecken, zusammen noch etwa 30 Minuten köcheln lassen. Den Bauchspeck herausnehmen, würfeln und unter das Gemüse mischen. Wer will, kann ihn auch in Scheiben schneiden und auf die Teller verteilen. Dazu ein kerniges Bauernbrot, ein Glas Most, und das Ränzlein legt einen Jubeltag ein.

SPÄTZLE UND KNÖPFLE

Die Namensgeber der schwäbischen Nationalspeise waren sicher Mönche, die im Mittelalter ein »spezzato« aus Teig machten. Denn *spezzato, pezzo* heißt im Italienischen Stück, *spezzare* in Stücke schneiden. Ein *spezzato* ist also nichts anderes als ein Gestückeltes und, wie wir es heute kennen, ein Geschnetzeltes. Im Laufe der Jahrhunderte entstanden – geschliffen durch unseren Dialekt – die Spätzle. Und sie sind sicher die Urahnen der späteren Nudelgenerationen. Somit wären also Spaghetti, Tortellini, Spirelli, Cannelloni, Makkaroni – bei uns auch als »Tunnelspatzen« bekannt – Enkel und Urenkel der Spätzle. Wer hätte das gedacht!

Eines ist sicher, Spätzle sind von der Speisekarte der Schwaben nicht wegzudenken. Und der Erfindungsreichtum der Schwaben ist ja sprichwörtlich. So haben sich im Laufe der Zeit über 50 Rezepte angesammelt, vom Gaisburger Marsch, einer Stuttgarter Eintopfspezialität, bis hin zu den beliebten Kässpätzle. Wer einmal die Gelegenheit hat, in einem alten Kochbuch zu stöbern, wird erstaunt sein über die Vielfalt der Knöpflesrezepte, die früher in Württemberg aufgetischt wurden. Wobei die Knöpfle hauptsächlich den Hunger der einfachen Leute, wie der Bauern, Handwerker und Soldaten, stillten. »Für die Herrschaften ist das nichts, höchstens gut genug für das Gesinde«, lautete damals die Parole. Somit ist auch zu verstehen, dass die Nachfahren der Knöpfle, unsere so heiß geliebten Spätzle, so lange brauchten, um bei Regierungsessen hoffähig zu werden.

Lompaliadle
Mei Muader, des Luader,
macht d'Schpatza so kloi,
mei Vaddr, der Donder,
frisst se älle alloi.

SPÄTZLE

ZUTATEN für 4 Portionen

500 g	Mehl
4–5	Eier – je nach Größe
125–250 ml	Wasser
1 Prise	Salz

ZUBEREITUNG: Alle Zutaten miteinander vermengen und mit der Hand oder einem Kochlöffel den Teig schlagen, bis er Blasen wirft. Anschließend 15 Minuten ruhen lassen. Den Teig durch den Spätzleshobel oder durch die Spätzlespresse (Spätzlesschwob) in das gesalzene, leicht kochende Wasser geben. Die Spätzle einmal aufkochen lassen, herausnehmen und in kaltes Wasser legen. Anschließend in ein Sieb gießen und gut abtropfen lassen.

TIPP: Könner der Materie schaben die Spätzle natürlich vom Brett. Essen tut man sie am besten mit Linsen.

KÄSSPÄTZLE

ZUTATEN für
4 Portionen

	Spätzle (s. S. 65)
200 g	Emmentaler
1–2	Zwiebeln
60 g	Butter

ZUBEREITUNG: Die frischen Spätzle schichtet man abwechselnd mit geriebenem Käse in eine vorgewärmte Schüssel. Zum Abschluss gibt man braun geröstete Zwiebeln darüber.

TIPP: Man kann die Schüssel (feuerfest) noch kurz in die Backröhre schieben, damit sich der Käse besser auflöst. Wer es besonders würzig liebt, legt statt Emmentaler einfach eine Schicht Romadur dazwischen.

HERDSPATZEN

ZUTATEN für 4 Portionen

400 g	Mehl
8	Eier
	Salz
250 ml	Wasser
	Schmalz
250 ml	Milch

ZUBEREITUNG: Das Mehl mit 4 Eiern, Salz und dem Wasser zu einem festen Teig vermengen und schlagen, bis er Blasen wirft. Etwa 10 Minuten ruhen lassen. Dann den Teig in kochendes Wasser schaben oder drücken. Aufkochen lassen, die Spatzen herausnehmen und mit Wasser abschwenken. Die Spatzen in eine gut gefettete, hohe Pfanne oder Kachel geben. Die Milch mit den restlichen vier Eiern verkleppern, salzen und über die Spatzen leeren, dass sie gerade bedeckt sind. Im Ofen, früher am Herdrand, stocken lassen, bis sich eine schöne Kruste gebildet hat. Und fertig ist die Spätzlestorte. Dazu reicht man Kartoffelsalat und viel Soße.

Was gibt's heit? –
An alta Huat zom Trommla.

SPINATSPÄTZLE

ZUTATEN für 4 Portionen

400 g	**Mehl**
2–3	**Eier**
125–250 ml	**Wasser**
250 g	**frischer Spinat** (blanchiert und durch den Wolf gedreht)
	Salz
	Muskat

ZUBEREITUNG: Die Zutaten zu einem festen Teig verarbeiten und mit dem Spatzenhobel in das kochende Wasser geben, weitere Verarbeitung wie bei normalen Spätzle. Wer es eilig hat, nimmt fein gehackten Spinat aus der Gefriertruhe. Die Spätzle erhalten dann allerdings nicht so eine satte grüne Farbe.

TIPP: Dazu reicht man eine würzige Hackfleischsoße oder verfeinert die Spätzle mit Schinken und Zwiebeln.

KRAUTSPÄTZLE

ZUTATEN für 4 Portionen

500 g	**frisches Sauerkraut**
1–2	**Zwiebeln, klein geschnitten**
60 g	**Butterschmalz**
	Spätzle (s. S. 65)

ZUBEREITUNG: Sauerkraut und Zwiebeln werden zusammen im heißen Butterschmalz goldgelb geröstet und dann mit den ebenfalls angerösteten Spätzle vermischt und serviert.

TIPP: Man kann natürlich auch gekochtes Kraut mit Spätzle vermischen, dann eben nur die Spätzle anrösten.

GEZUPFTER SPATZENTOPF

ZUTATEN für 4 Portionen

150 g Bauchspeck
2 Zwiebeln in groben Stücken
Butterschmalz
500 g Kartoffeln, gewürfelt
Salz und Pfeffer
Paprikapulver
2 Lorbeerblätter
200 g Mehl
1 Ei

ZUBEREITUNG: Den Speck würfeln und mit den Zwiebelstücken glasig andünsten. Die Kartoffeln dazugeben. Mit Salz, Pfeffer und Paprika würzen und zusammen mit 2 Lorbeerblättern in 1 l Wasser etwa 25 bis 40 Minuten köcheln lassen. Aus dem Mehl, dem Ei und etwas Wasser einen festen Teig zubereiten und in Stränge ausrollen. Mit den Fingern in kleine Stücke zupfen und in die fast gegarte Suppe geben. Kurz durchkochen und abschmecken.

TIPP: Der Gezupfte Spatzentopf schmeckt auch prima mit Bohnenschnitz.

SCHUPFNUDELN

Das Wort »Schupfen« heißt nichts anderes als stoßen, durch einen Stoß befördern oder rollen. Endprodukt: gerollte Nudeln in Fingergröße. Im Volksmund sind Schupfnudeln auch als Bubaschpitzla, Bautza, Wargala, Schupfwargel, Wargelnudel, Bauchschtecher, Schtupfer oder Ranzaschtecher bekannt. Schon 1345 wurde im »Buoch von guoter Spise« von »Bubenpfulben« berichtet, was uns an die Buabaschpitzla erinnert. Damals allerdings nur aus Mehl hergestellt.

Die uns heute bekannten Schupfnudeln werden mit Kartoffeln vermischt. Und es gibt sie erst wieder seit einigen Jahren, als die Nostalgiewelle sie wiederentdeckte und auf unsere Tische brachte. Sie fehlen auf keinem Stadtfest oder auf keiner Dorfhocketse, wo sie, zusammen mit Sauerkraut gebraten, die Bäuche füllen.

SCHUPFNUDELN MIT KARTOFFELN

ZUTATEN für 4 Portionen

500 g	mehlige Kartoffeln
	Salz
	Muskat
40 g	Butter oder Öl
100–200 g	Mehl
1	Ei
1	Eigelb
	Butterschmalz

ZUBEREITUNG: Die Kartoffeln abkochen, schälen, durch eine Kartoffelpresse drücken und erkalten lassen. Anschließend würzen, die zerlassene Butter oder das Öl, Mehl und Ei sowie Eigelb zugeben und alles gut vermengen. Den Tisch oder das Nudelbrett bemehlen und den Kartoffelteig zu zigarrendicken Strängen ausrollen und in etwa 5 cm lange Stücke schneiden. Nun werden die Portionen mit bemehlten Händen in fingerdicke 4 bis 6 cm lange Nudeln »geschupft«. Dabei wird das Teigstück in den Händen hin und her gerollt, bis es an den Enden spitz zuläuft und in der Mitte gewölbt ist. Die Schupfnudeln etwa 20 Minuten ruhen und dann in Salzwasser 5 Minuten köcheln lassen. In ein Sieb geben und mit kaltem Wasser abschrecken. Butterschmalz in der Pfanne erhitzen und die Schupfnudeln goldgelb anrösten.

TIPP: Natürlich können Sie auch Kartoffeln vom Vortag verwenden. Wer es herzhafter mag, kann Zwiebel- und Speckwürfel andämpfen und unter die Masse mengen. Wer grüne Schupfnudeln liebt, gibt zerkleinerten Spinat oder fein gehackte Kräuter unter die Masse.

Selber schupfa,
selber kocha,
selber essa,
des hoißt mr hausgmacht!

ALLGÄUER SCHUPFNUDELN

ZUTATEN für 4 Portionen

250 g	trockener Quark
200 g	Mehl
	Salz
2	Eier
	Kümmel nach Belieben

ZUBEREITUNG: Aus den Zutaten einen festen Teig kneten. Wenn der Teig zu fest ist, etwas Sauerrahm beigeben. Nudeln formen, wie bei Schupfnudeln angegeben. Die »Ziegernudeln«, wie sie im Allgäu heißen, in heißem Fett herausbacken und mit Apfelmus servieren. Natürlich können Sie die »Ziegernudeln« auch im Salzwasser abkochen und in Butterschmalz anbraten. Herzhafte Beilage: Kraut oder Salat.

Mei Schwiegermuader, des Schendluader
Macht d'Krautnudla nemme guat,
wenn se sterbe däd ond i erba däd,
wära d'Krautnudla wieder guat.

SCHUPFNUDELN MIT KRAUT

ZUTATEN für 4 Portionen

500 g	Mehl
2	Eier
125 ml	Wasser
	Salz
	Muskat
	Butterschmalz
1	Zwiebel, gewürfelt
500 g	Sauerkraut
nach Gusto	Speckwürfel

ZUBEREITUNG: Aus Mehl, Eiern, Wasser, Salz und Muskat den Teig bereiten. Schupfnudeln formen und abkochen (s. Schupfnudeln mit Kartoffeln S. 70). Im heißen Butterschmalz die Zwiebelwürfel und das leicht ausgedrückte Sauerkraut anrösten, bis es Farbe bekommt. Dann die Schupfnudeln untermengen und braten, bis sie hellbraun angeröstet sind.

TIPP: Weißkraut statt Sauerkraut fein schneiden, blanchieren und mit den Schupfnudeln anbraten. Eine weitere Möglichkeit: Das Sauerkraut fein hacken und unter den Nudelteig mengen. Schupfnudeln formen, abkochen und in Schmalz anbraten.

»Des hangt mr wieder im Maga dren wia a Schleifstoi«, meinte der Knecht einmal in seinem Frust.

STOPFER

Aus dem Allgäu ist mir folgendes Rezept ins Haus geflattert. Der Überbringer war so begeistert – seine Schwester kocht es noch regelmäßig –, dass ich es Ihnen nicht vorenthalten möchte. Der Name drückt die Funktion des Gerichts ja treffend aus. Es war ein Essen der ärmeren Schichten, und man stopfte es sich in den Rachen, nach der alten Weisheit: »Dr Honger treibt's nei.«

ZUTATEN für 4 Portionen

250 ml	Milch
250 ml	Wasser
1 Prise	Salz
3	Eier
300 g	Mehl
	Butterschmalz
	Zwiebel

ZUBEREITUNG: Am besten nimmt man dazu eine Muskachel. Milch, Wasser und Salz aufkochen. Aus Eiern und Mehl einen festen Teig kneten, diesen mit einer Gabel zerkleinern und ins Milch-Wasser-Gemisch geben. Das frugale Mahl köcheln lassen, bis sich eine Kruste bildet. Vor dem Servieren mit Butterschmalz und Zwiebeln abschmälzen.

KNÖDEL

Der Knödel zählt zum Urgestein der kulinarischen Leckerbissen. Der Name Knödel stammt übrigens aus dem althochdeutschen »chnodo« oder »knoto« und wandelte sich im Mittelhochdeutschen zu »knote«, was andeutet, dass der Knoten Pate stand. Der Knoten wird in alten süddeutschen Kochbüchern dann zum Knötlein, Knötchen oder Knötelein. Nachdem ihn die Mundart jahrhundertelang kräftig durchgeknetet hatte, landete der Wonneproppen schließlich als Knödel in all seinen Spielarten auf unseren Tellern. Im Alemannischen ging man allerdings ganz eigene Wege. Dort heißen Knödel schon recht früh »Pflutten«. In der Schweiz »Chnöpfli«, aber auch »Flute« oder »Flutte«.

Die Geschichte des Knödels reicht bis in das tiefe Mittelalter zurück. Die ersten Knödel waren mit Sicherheit aus Fleisch geformt. In Ermangelung erforderlicher Essbestecke und wegen teilweise schlechter Beißwerkzeuge wurde Fleisch zerkleinert, zu Kugeln geformt, gesotten oder in Fett gebacken.

Im ältesten Kochbuch des abendländischen Kulturraums von Marcus Gavius Apicius, geschrieben in der Zeit von Kaiser Tiberius, finden sich knödelartige Speisen, die speziell für die auf weichen Bänken liegenden Römer zubereitet wurden. Die leckeren Gebilde wurden mit den Händen in den Mund geschoben. Ähnlich handhabten es auch die im Mittelmeerraum lebenden

Araber. Nach dem Dreißigjährigen Krieg wurde Fleisch immer mehr zur Luxusspeise. So wurde aus der Not heraus der Knödel immer mehr mit Brot und anderen Zutaten gestreckt, und es entwickelte sich eine Vielzahl von Knödelrezepten. Angefangen von Leber-, Schinken-, Speck- und Griebenknödel, Hühner-, Hirn-, Wild- und Hasenknödel. Aber auch Fische und Krebse wurden genudelt und gekugelt.

Ob groß oder klein, lang wie Würste oder flach zusammengedrückt – die Knödel sind überall in Europa zu Hause. So heißen sie in England »ball«, in Fankreich »quenelles«, in Schweden »Bullar«, in Italien »Canederli« oder »Gnocchi«. In Tschechien kommen sie als »Knedlik« und in Ungarn als »Galusckas« auf den Tisch. Die in Fett gebackenen Knödel kennen wir heute hauptsächlich als Kroketten, sie werden meist aus Kartoffeln hergestellt.

Eine besondere Art von Knödeln sind unsere Maultaschen. Um die »runden Gebilde« haltbarer zu machen, wurden sie einfach mit einer Teighülle versehen, und schon konnte sich die Hackfleischmasse nicht mehr auflösen. Man sieht, am Anfang stand der Knödel. Ob Klöße, Klümpe oder Klopse, sie munden uns noch immer. Nur Trauerklöße haben keine Zukunft und haben weiterhin Tischverbot.

Vater unser, der du bisch,
und Knödel auf am Tisch
und an Braten in dr Pfann – Amen.

SERVIETTENKNÖDEL

Um die Knödel vor dem Auseinanderfallen zu bewahren, steckten ihn schon unsere Urahnen in ein Tuch, einen Sack, einen Beutel oder in eine Serviette. Zum Teil entstanden so Gebilde von ungeahnter Größe und Form. Gelegentlich nannte man ihn einfach Tuch- oder Sackkloß. In einem Augsburgisch-Münchner Kochbuch aus dem Jahre 1538 finden wir ein Rezept von »Guete sackh küechlin zu packen«. Der »Serviettenknödel«, wie er heute heißt, ist also ein Veteran in unseren Kochtöpfen und ein hochgeschätzter dazu.

ZUTATEN für 4 Portionen

200 g	altbackene Wecken
300 ml	Milch
1	Zwiebel, fein gehackt
	Peterling
1 EL	Butter
	Salz
	Muskat
3–4	Eier
	Mehl nach Bedarf
	Geschirrtuch

ZUBEREITUNG: Die Wecken klein schneiden, mit lauwarmer Milch übergießen und 20 Minuten quellen lassen. Die Zwiebel und den Peterling in Butter glasig dünsten. Die Wecken eventuell noch etwas ausdrücken, würzen und mit allen Zutaten locker vermengen. Nochmals ein paar Minuten ziehen lassen. Die Masse auf dem bemehlten Tisch zu einer etwa 15 cm langen Rolle formen. Das Geschirrtuch oder die Stoffserviette heiß auswaschen, damit ja keine Waschmittelreste übrig bleiben. Das Tuch können Sie zusätzlich mit Butter einreiben. Die Teigrolle locker in das Tuch wickeln und an den Enden festbinden. Die Knödelmasse geht beim Kochen auf, daher das Tuch nicht zu fest zusammenbinden. Sie können nun die Knödelrolle direkt ins kochende Wasser legen und etwa 30 Minuten im köchelnden Wasser garen lassen. Nach Fertigstellung kurz mit kaltem Wasser abschrecken. Auspacken, in Scheiben schneiden und auf einer heißen Platte servieren.

TIPP: Um zu prüfen, wie weit die Knödel gegart sind, einfach einen Holzspieß in den Knödel stecken. Hat er noch Teig am Stecken, muss der Knödel noch im Wasser bleiben. Um mit dem Serviettenknödel besser hantieren zu können, sollten Sie einen Kochlöffel über den Topf legen und die Knödelrolle daran aufhängen. Die Knödelmasse sollte weder zu fest noch zu weich sein; ein Knödel muss luftig sein, damit er möglichst viel Soße aufsaugen kann. Zum Formen der Knödel die Hände oder die Löffel zuvor in kaltes Wasser tauchen.

ULMER WECKKNÖDEL

ZUTATEN für 4 Portionen

6–8	altbackene Wecken
250 ml	lauwarme Milch
150 g	Rauchfleisch vom Bauch
1	Zwiebel, fein gehackt
	Peterling
1 EL	Butter
2–3	Eier
	Salz
	Muskat
1–2 EL	Mehl oder Weckmehl nach Bedarf

ZUBEREITUNG: Die alten Wecken würfeln, in der Milch einweichen und etwa 20 Minuten ziehen lassen. Die Rauchfleischwürfel, die Zwiebel und den Peterling in Butter andünsten, mit den Eiern und den Gewürzen zu der Knödelmasse geben und alles locker vermengen. Wenn die Masse zu feucht ist, etwas Mehl oder Weckmehl untermengen. Einen kleinen Probeknödel testen. Wenn der Wonneproppen die richtige Konsistenz hat, die Knödel mit nassen Händen formen, ins sprudelnde Wasser legen und etwa 15 Minuten leise köcheln lassen. Schmeckt gut zu Braten, Wild und Pilzen.

TIPP: Der klassische Weckknödel wird ohne Speck zubereitet. Anstatt mit Wecken kann man ihn auch mit altbackenen Brezeln herstellen.

HEFEKNÖDEL

ZUTATEN für 4 Portionen

500 g	Mehl
30 g	Hefe
50 g	Butter
250 ml	Milch
1	Ei
1 TL	Zucker
	Salz nach Bedarf

ZUBEREITUNG: Das Mehl in einer Schüssel sieben, in die Mitte eine kleine Mulde drücken und die Hefe hineinbröseln. Die Butter in der lauwarmen Milch zergehen lassen und das Ei darin verkleppern. Nun alles in die Mulde gießen, Zucker zugeben und einen Vorteig zubereiten. Die Zutaten alle zusammen gut durchkneten, bis der Teig eine schöne glatte Oberfläche bekommt und sich von der Schüssel löst. Eine Kugel formen und zugedeckt etwa 25 Minuten gehen lassen, bis der Teig sich verdoppelt hat. Wir formen dann eine gut 5 cm dicke Teigrolle und teilen diese in ein Dutzend etwa gleich große Stücke. Mit bemehlten Händen formen wir den Teig in Kugeln und setzen diese auf den bemehlten Tisch oder das Brett, decken sie mit einem Tuch ab. Nochmal einige Minuten gehen lassen, bis sich das Volumen fast verdoppelt hat. In einem flachen, größeren Topf Wasser zum Kochen bringen, die Hefeknödel einlegen und sie 12 Minuten auf jeder Seite leise köcheln lassen – insgesamt also 24 Minuten. Sie schmecken wunderbar zu Sauren Bohnen, Saurer Leber, Sauerbraten und zu Braten mit viel Soße. Aber auch als Süßspeise, zusammen mit Kompott, bestreut mit Zucker und Zimt, sind sie beliebt.

TIPP: Sehr geschätzt ist auch der Hefeknopf. Hier wird der Teig nicht aufgeteilt, sondern als ganze Teigkugel ins sprudelnde Wasser gesetzt (einen flachen Topf mit ein Drittel Wasser füllen). 30 Minuten leicht köcheln lassen. Wichtig: Den Topf dabei zudecken und während der Garzeit nicht öffnen. Eine andere Garmethode: Über den Topf ein Mulltuch spannen, das durchhängt, und den Hefeknopf zugedeckt 30 bis 45 Minuten im Dampf garen.

Das Aufteilen der Hefeknöpfe war für meine Großmutter eine heilige Handlung. Sie trennte nämlich den Knopf äußerst vorsichtig mit einem starken Faden in Scheiben, damit er ja nicht zusammenfiel, und legte die Scheiben jedem gleich auf den Teller. Die Knopfscheiben wurden auch gerne mit heißer Butter übergossen und mit Zucker und Zimt bestreut: ein Leckerbissen für alle Kinder.

Die restlichen Scheiben dieses Kunstwerkes wurden am anderen Tag in Butter angebraten, mit Ei übergossen und mit grünem Salat serviert.

Denn jedes Reschtle fendet em Maga no a Plätzle.

KARTOFFELKNÖDEL

Im Reigen der Knödelfamilie ist der Kartoffelknödel ein relativ junges Mitglied. Werden Kartoffeln doch erstmals um 1800 in Kochbüchern erwähnt. Nach ernsthaften Schwierigkeiten beim Überqueren der Rhein-Main-Linie eroberten die Nordlichter nur recht langsam die schwäbische Küche. So richtig heimisch wurden sie erst nach dem Ersten Weltkrieg.

ZUTATEN für 4 Portionen

750 g	mehligkochende Kartoffeln
1–2	Wecken vom Vortag
	Butter
	Salz
	Muskat
1	Ei
1	Eigelb
	Peterling
50 g	Mehl
50 g	Grieß nach Bedarf
	Kartoffelmehl zum Knödelformen
	Semmelbrösel

ZUBEREITUNG: Die Kartoffeln abkochen, schälen, durch die Kartoffelpresse drücken und erkalten lassen. Eventuell Kartoffeln vom Vortag verwenden. Die Wecken würfeln und in 1 EL Butter anrösten. Die abgekühlte Kartoffelmasse würzen, Ei, Eigelb und gehackten Peterling zugeben und je nach Feuchtigkeit der Kartoffelmasse Mehl und Grieß beimengen und alles gut durcharbeiten. Die Hände mit Kartoffelmehl bestreuen und Knödel formen. In die Mitte einige Brotwürfel drücken. Einen kleinen Probeknödel machen und ins sprudelnde Wasser geben. Wenn der Knödel noch zu weich ist, etwas Kartoffelmehl unter die Masse mengen. Die Knödel etwa 15 bis 20 Minuten ins köchelnde Wasser legen. Schmecken gut zu Sauer- und Schweinebraten, Gans, Ente, Gulasch und Wild sowie zu allen Sauerkrautgerichten. Vor dem Servieren in Butter angedämpfte Semmelbrösel über die Knödel geben.

TIPP: Die Kartoffelknödel können Sie auch aus halb gekochten und halb rohen Kartoffeln herstellen. Verfeinern kann man die Knödel, indem man beispielsweise Speckwürfel, Grieben, Meerrettich und verschiedene fein gehackte Kräuter untermengt.

KARTOFFELN

Anno 1516 berichtet Petrus Martyr, der eine Bestandsaufnahme über die Entdeckung Amerikas erstellte, dass die Inkas eine Wurzel essen, die sie »Batates« nennen. Später wird diese in den Niederlanden erstmals wissenschaftlich beschrieben und staunend herumgereicht. Besonders die Blüten fanden bei den vornehmen Damen großen Gefallen und wurden als Schmuck getragen. In den 1580er-Jahren kam die Kartoffel nach England und wurde als Wunderknolle der Königin vorgestellt. Sie versuchte die oberirdischen Samenfrüchte, die natürlich scheußlich schmeckten – die Kartoffel fiel daraufhin für längere Zeit in Ungnade.

Um 1596 entdeckte wohl Johann Bauhin das Nachtschattengewächs im Schlossgarten des Grafen Helfenstein in Wiesensteig auf der Schwäbischen Alb. Das war offenbar die erste Nachricht über Kartoffeln in Württemberg. Die eigentliche Bedeutung der Feldfrucht blieb auch hier im Verborgenen. Der Graf trug, wie schon beschrieben, die Blüten als neueste Mode aus Amerika im Knopfloch, und die Bauern waren der Meinung, die Beeren der Pflanze seien Teufelskraut, um

sie zu vergiften. Es sollten noch Jahrhunderte vergehen, bis diese Wunderknolle bei uns zum Volksnahrungsmittel wurde.

Um 1600 kam die Kartoffel nach Italien, und 1616 wurde sie als Delikatesse am königlichen Hof in Frankreich serviert. Ihre Ähnlichkeit mit Erdtrüffeln verschaffte ihr in Italien den Namen »tartuffoli«. Später wurde daraus »Dortuffel, Dortoffel«, und als Kartoffel hat sie dann den Siegeszug durch unsere Küchen angetreten. Bei uns hieß sie noch bis ins 19. Jahrhundert Erdbirne oder -apfel, im Dialekt kennen wir sie als »Aibira« oder »Aidäpfel«, aber auch als »Krombira«. Aber die Kartoffel hatte einen schwierigen Stand bei der einheimischen Bevölkerung. Jahrhundertelang an Mehlspeisen gewöhnt, stand diese allem Neuen misstrauisch gegenüber.

Nach dem Motto: »Was dr Baur ned kennt, des frisst'r ned« wurden die Kartoffeln zuerst mal den Hunden vorgeworfen. Die ließen sie ebenfalls liegen. Friedrich der Große, dessen Bemühungen um die Kartoffel allgemein bekannt sind, ließ Kartoffeln an Gartenbesitzer kostenlos verteilen. Als die Anwesenden allerdings in die rohen Kartoffeln bissen, war es aus mit dem Interesse an dem königlichen Geschenk. Erst als Friedrich selbst Kartoffeläcker anlegen und sie von seinen Soldaten bewachen ließ, erwachte das Interesse an der neuen Knolle.

Lange Zeit blockierten auch die Grundherren den Anbau, da die Kartoffel nicht in die Abgabenverordnung eingebaut war und somit keinen Zehnten abwarf. Sie blieb vorerst eine seltene Feldfrucht und wurde hauptsächlich von Tagelöhnern und armen Kleinbauern angeboten. Nicht umsonst wurde sie als Arme-Leute-Essen angesehen und regional gerade noch als Schweinefutter akzeptiert. »A Kartoffel isch erscht guat, wenn se dr Sau durch da Maga gloffa isch«, hieß es lange Zeit noch im Ländle.

Aus England und den Niederlanden kamen die entscheidenden Anstöße zur Verbreitung der Kartoffeln. 1710 brachte ein Waldenser Kolonist, also ein französischer Glaubensflüchtling, die Knollen als Lebensmittel nach Württemberg, wo die englischen »potatoes« nicht auf große Gegenliebe stießen. Noch 1728 waren »Kartoffeln mit Rindfleisch« in Stuttgarter Gaststuben ein eher exotisches Gericht. Erst die Hungersnöte 1771/72 verhalfen der Kartoffel zum Durchbruch und auch zum feldmäßigen Anbau bei uns.

Die Armen beteten vielzählig umsonst: »Unser täglich Brot gib uns heute.« Denn die Kartoffel, nur die Kartoffel und nichts als die Kartoffel füllte nun die leeren Mägen. Sie drängte in solchen Mengen und dazu preiswert auf den Markt, dass sie die früheren Nutzpflanzen wie Rüben, Hirse, Buchweizen und Hafer aus dem Speiseplan der ärmeren Bevölkerung verdrängte. Durch den großen Zuwachs hätte die Bevölkerung allein mit Getreidespeisen nicht mehr ernährt werden können.

Obwohl die Kartoffel bei uns noch eine junge Speisefrucht ist, gab es 1889 bereits 230 Sorten zur Auswahl. Wie wir sehen, hatte man dann doch relativ schnell ihre Vorzüge erkannt. Denn die Kartoffel konnte sofort nach der Ernte als warme Mahlzeit verwendet werden. Getreide dagegen musste zuerst gedroschen und gemahlen werden. Kartoffeln konnten leicht zu Schnaps und Brennspiritus verarbeitet werden. Die anfallende »Schlempe« war wiederum ein willkommenes Schweinefutter.

Die Kartoffel-Literatur brachte Rezepte zur Herstellung von Stärkemehl, Leim, Seife, Knödeln und anderem auf den Markt. Die Kartoffelfrucht konnte man leicht aus der Erde buddeln, und sie war dort in Kriegszeiten vor Verwüstung geschützt. Die neue Wunderknolle war außerordentlich produktiv, lieferte sie doch bei gleicher Anbaufläche gegenüber dem Getreide die doppelte Menge Kohlenhydrate, fast so viel Eiweiß und enthielt darüber hinaus das wichtige Vitamin C.

Trotz aller Vorzüge kam sie in Süddeutschland erst im Laufe des 19. Jahrhunderts so richtig in Mode. Denn man hatte auch erkannt, dass, wenn nur Kartoffeln auf den Tisch kamen, eine Verschlechterung des Ernährungszustandes eintrat. Darum haben die Schwaben auch den Kartoffelsalat kreiert, der zusammen mit Spätzle und natürlich viel Soße erst die richtige Mischung ergab.

Des gibt dann Kerle wia Bemschtämm, hot sell Bäura gsait.

Der Höhepunkt des Kartoffelverbrauchs liegt aber schon lange hinter uns. Der Verzehr pro Kopf und Jahr um 1900 lag bei 217, im Jahr 1971 dagegen gerade noch bei 101 Kilogramm, mit fallender Tendenz. 1996 waren es gerade noch 73 Kilo. Der Verzehr von Brat-, Salz- und Pellkartoffeln ist weiterhin fallend, dafür steigt der Verbrauch an Fertigprodukten wie Chips, Fertigknödel und -brei, der mittlerweile fast ein Drittel ausmacht.

HIER NUN ZEHN NÜTZLICHE KARTOFFEL-TIPPS:

1. Unreif geerntete Kartoffeln sind gesundheitsschädlich; gute Kartoffeln müssen ausgereift sein.
2. Die Kartoffeln in luftigen, trockenen und dunklen Kellern lagern; in feuchten Kellern faulen sie.
3. Werden Kartoffeln dem Tageslicht oder Neonbeleuchtung ausgesetzt, verfärben sie sich grün. Es bildet sich dabei die Substanz Solanin, die zu Übelkeit, Erbrechen und Durchfall führen kann. Also grüne Knollen wegwerfen und grüne Stellen ausschneiden.
4. Geben Sie beim Kauf ungewaschenen Kartoffeln den Vorzug; gewaschene Kartoffeln neigen zum Faulen.
5. In gekochtem Zustand sind Kartoffeln am besten verdaulich; in Fett gebratene liegen einem länger im Magen.
6. Beim Kochen gehen der Kartoffel Vitamine und Mineralstoffe verloren. Deshalb die Kartoffeln am besten dämpfen. Die rohen Knollen nur kurz ins Wasser legen und wenig zerkleinern – am besten in der Schale kochen. Bei geschälten Kartoffeln liegt der Verlust bei etwa 20 Prozent, bei Kartoffeln in der Schale nur bei 4 bis 6 Prozent.
7. Kartoffeln nach Möglichkeit nicht in Folienbeuteln verpacken; sie schwitzen darin, werden feucht und können leicht schimmeln.
8. Bei der Zubereitung von Kartoffelpuffern und -knödeln die rohen Kartoffeln in ein sauberes Tuch reiben, das in einer Schüssel liegt. Das Geriebene anschließend ausdrücken. Die Kartoffelbrühe setzen lassen, Wasser abgießen und die abgesetzte Stärke der Masse wieder zugeben.

9. Den Kartoffelbrei statt mit Milch mit dem Kochwasser anrühren; das verfeinert das Aroma, und die Inhaltsstoffe werden nicht weggeschüttet. Ein besonders nahrhafter Kartoffelbrei entsteht, wenn Sie Leberwurst und angedämpfte Zwiebeln untermengen.
10. Gekochte Kartoffeln können Sie im Kühlschrank verschlossen etwa zwei Tage aufbewahren, mit Schale einen weiteren Tag.

Schön rötlich die Kartoffeln sind
lindweiß wie Alabaster,
verdaun sich lieblich und geschwind
und sind für Mann und Frau und
Kind
ein rechtes Magenpflaster.

Insgesamt sind derzeit 166 Kartoffelsorten zugelassen. Wir unterscheiden dabei in drei Kategorien. Festkochende Kartoffeln, auch bekannt als Salatkartoffeln. Sie haben ein festes Fruchtfleisch und springen beim Kochen nicht auf. Empfehlenswert für Kartoffelsalat, Salz-, Brat- und Pellkartoffeln. Bekannte Sorten sind Sieglinde, Hansa, Selma, Linda und Nicola.

Mehlige Sorten springen beim Kochen auf und sind zum Abbinden bestens geeignet, da sie viel Stärke enthalten. Ideal für Kartoffelbrei, Puffer, Knödel und Suppen. Bekannte Sorten sind Bintje, Irmgard, Adretta und Aula.

Vorwiegend festkochende Kartoffeln springen dagegen beim Kochen nur wenig auf. Vielseitig einsetzbar für Salate, Salz-, Pell- und Bratkartoffeln. Bekannte Sorten sind Desiree (rote Schale), Grata, Roxy, Granola, Agria und Quarta.

Nach dem Zweiten Weltkrieg, in der Zeit nach 1945, war es Brauch, im Spätherbst die Milchkühe zum Abweiden auf die Wiesen zu treiben. Elektrozäune wie heute gab es damals noch nicht. Also mussten nachmittags die Schulerbuben im Alter von neun bis 14 Jahren die Herden hüten, damit die Kühe nicht die Rübenäcker plünderten oder auf fremde Wiesen wanderten. Um uns die Zeit zu vertreiben, sammelten wir auf den benachbarten Äckern Kartoffelschluten und legten eine Feuerstelle an, um uns zu wärmen und die gefundenen Kartoffeln zu rösten. So weit man sehen konnte, qualmten die Kartoffelfeuer im Land und grüßten die Hüter der Kühe. Die Rauchzeichen erinnerten uns an Indianergeschichten.

Eine quälende Arbeit war das Absammeln der Kartoffelkäfer. Die schwarz-gelb gestreiften Schädlinge fielen zu Tausenden über die Kartoffeläcker her und fraßen sie kahl. Die Älteren erzählten uns, die Nazis hätten dafür den Engländern die Schuld gegeben, die die Käfer über Deutschland abgeworfen haben sollen. Unser Problem war eher, die verkohlten Kartoffeln aus dem Feuer zu holen. Mit einem Stein öffneten wir die Kartoffeln und verzehrten mit Genuss das Innere der Knolle. Mit kohleverschmierten Gesichtern trieben wir unsere Zöglinge abends in den Stall und wuschen uns am Wasserhahn auf dem Hof. Da es zu dieser Jahreszeit abends schon recht kühl wurde, streckten wir barfuß laufenden Kinder unsere Füße einfach in frisch gefallene Kuhfladen. Schuhe bekamen wir erst beim ersten Frost.

War einer von uns krank und bekam Halsweh und Schluckbeschwerden, band ihm meine Mutter heiße Kartoffelwickel um den Hals. Die kochend heißen Kartoffeln wurden auf einem Tuch zerdrückt und zu einer Rolle geformt. Dieses dampfende Etwas wurde in ein doppeltes Badetuch gewickelt und um den Hals gelegt. Die Hitze trieb uns den Schweiß ins Gesicht. Aber es hat geholfen. Kartoffeln in der Schale, neu verpackt, als Schmerzlöser!

KARTOFFELBREI

Der Kartoffelbrei, auch unter dem Namen Püree oder Mus bekannt, war bei uns Kindern besonders beliebt. Nachdem jeder seine Portion auf dem Teller hatte, drückte unsere Mutter mit der Soßenkelle eine Mulde in den Brei und füllte diese mit Soße. Der Minisoßenstaudamm machte das Essen für uns zu einem besonderen Erlebnis. Erst als der Brei ringsum weggegessen war, brach der Kartoffeldamm zusammen, und die Soße ergoss sich auf den Teller. Wie schön kann Essen sein! Oder nach dem alten Kindervers: »So kann man auch mit kleinen Sachen Kindern eine Freude machen.« Dazu frisches Gemüse und niemand wird das Fleisch vermissen.

ZUTATEN für 4 Portionen

1 kg	**Kartoffeln** (mehligkochende sind vorzuziehen)
250 ml	**Milch**
	Salz
	Muskat
50 g	**Butter**
	flüssige Sahne

ZUBEREITUNG: Die Kartoffeln schälen und in grobe Stücke schneiden, danach kochen oder im Dämpfer garen. Milch zugeben, mit Salz und Muskat würzen, Butter und Sahne beigeben und mit einem Schneebesen sachte verrühren. Der Kartoffelbrei sollte locker und schaumig sein. Also nicht zu lange schlagen, sonst wird der Brei zäh und glasig.

VARIANTEN: • Dem Kartoffelbrei weich gedünstete Lauchringe beigeben. Mit Gänseblümchen garniert, ist dieser ein Augenschmaus. • Eine Zwiebel fein würfeln, in Butter dunkelbraun anbraten und unter den Brei mischen. Mit Schnittlauch garnieren. • Kräuter fein hacken und unter den Brei mengen. Wer es ganz eilig hat, mischt etwas aufgetauten Cremespinat darunter. • Für Feinschmecker: Reiben Sie etwas frischen Meerrettich, vermengen Sie ihn mit etwas Sahne und geben Sie den Gaumenschmaus unter den Kartoffelbrei.

TIPP: Den Kartoffelbrei erst kurz vor dem Essen zubereiten, damit er heiß auf den Tisch kommt, im Notfall in ein Wasserbad stellen. Aus den Resten des Kartoffelbreis lässt sich bequem eine Kartoffelsuppe herstellen. Oder mit etwas Mehl und Ei vermengt, ergibt dies die beliebten, in Fett gebackenen Kartoffelkrapfen. Kartoffelbrei ist überdies eine ideale Krankenkost.

SCHWÄBISCHER KARTOFFELSALAT

Heute gehört der Kartoffelsalat zusammen mit den Spätzle zu den unverzichtbaren Säulen der schwäbischen Küche. Der Kartoffelsalat bietet sich geradezu an, unserer Kreativität freien Lauf zu lassen. In meiner Kindheit gab es zum Beispiel regelmäßig, je nach Jahreszeit, Kartoffelsalat mit Endivie oder »Gurkenrädla« vermischt. Des Weiteren sorgen feine Gewürzgurken, Schinken- oder Speckwürfel und Heringsfilet im Salat für einen guten Geschmack. In Norddeutschland werden außerdem noch gekochte Eier und Mayonnaise beigegeben. Achtung: Im Sommer den Mayonnaise-Kartoffelsalat nicht über Nacht stehen lassen!

ZUTATEN für 4 Portionen

1 kg	**Salatkartoffeln**
	Salz
	Kümmel
	Pfeffer
1 Prise	**Zucker**
4 EL	**Essig**
1 Schuss	**Flüssigwürze**
	Öl nach Bedarf
1–2	**Zwiebeln** (schön sehen rote oder bläuliche Zwiebeln aus)
250 ml	**Brühe**

ZUBEREITUNG: Die Salatkartoffeln mit etwas Salz und Kümmel kochen, kurz mit kaltem Wasser abschrecken und schälen. Unbedingt noch warm rädeln und würzen. Mit Öl nicht sparen, da der Salat schön glänzen sollte und das Öl für die richtige »Schmiere« sorgt. Wer Öl nicht verträgt oder zu sich nehmen darf, sollte einfach Kartoffelmehl mit Wasser aufkochen und anstelle des Öls zugeben. Mancher nimmt stattdessen auch Spätzleswasser zum Anmachen. Die Zwiebeln fein schneiden, mit der heißen Brühe dazugeben, gut vermengen und noch etwa 20 Minuten ziehen lassen. Eventuell vor dem Servieren noch nachwürzen und Brühe zugeben. Ein Kartoffelsalat sollte grundsätzlich lauwarm serviert werden.

KARTOFFELPFANNKUCHEN

ZUTATEN für 4 Portionen

400 g	Kartoffeln
100 g	Mehl
125 ml	Milch
1 Schuss	flüssige Sahne
3	Eier
	Salz
	Butterschmalz

ZUBEREITUNG: Die gekochten Kartoffeln schälen und durch die Presse drücken. Mit Mehl, Milch, Sahne, den Eiern und Salz zu einem Teig verarbeiten. Butterschmalz in einer Pfanne erhitzen und darin dünne Pfannkuchen backen. Die einen lieben Kartoffelpfannkuchen mit Zucker und Zimt, die anderen verspeisen sie lieber mit Sauerkraut.

VARIANTE: Den Pfannkuchenteig kann man auch mit roh geriebenen Kartoffeln herstellen.

RAHMKARTOFFELN

ZUTATEN für 4 Portionen

1 kg	Kartoffeln
2	Zwiebeln
3 EL	Butterschmalz
	Salz und Pfeffer
	Muskat
3	Eier
200 g	flüssige Sahne

ZUBEREITUNG: Die rohen Kartoffeln schälen und in dünne Scheiben schneiden, die geschälten Zwiebeln fein würfeln. Die Zwiebeln im erhitzten Butterschmalz goldgelb anbraten. Eine feuerfeste Form ausfetten und die Kartoffelscheiben mit den Zwiebelwürfeln einschichten, würzen. Die Eier mit der Sahne verkleppern und über die Kartoffeln gießen. Im vorgeheizten Ofen 50 Minuten bei 200 Grad backen.

BAUERNOMELETTE

ZUTATEN für 4 Portionen

500 g	festkochende Kartoffeln
150–200 g	Speck oder Bratenreste
1	Zwiebel
	frische Kräuter
	Butterschmalz
6	Eier
	Milch

ZUBEREITUNG: Die Kartoffeln am Vortag abkochen. Speck, Zwiebel, Kräuter fein schneiden. Kartoffeln in »Rädla« schneiden und im heißen Butterschmalz anbraten. Zutaten beigeben und mitbraten. Die Eier mit etwas Milch verquirlen, über die Masse geben und goldgelb anbraten. Dazu gibt es grünen Salat. Ein preiswertes Resteessen, das uns immer gut bekommt.

KARTOFFELN IN DER SCHALE

ZUTATEN

Kartoffeln,
so wie sie der liebe Gott
hat wachsen lassen

ZUBEREITUNG: Kartoffeln in der Schale kochen und die dampfenden »Krombira«, wie wir auf der Alb sagten, auf den Tisch stellen. Jeder schält seine Kartoffeln ganz nach Hunger und Lust selber, legt sie auf seinen Teller und salzt sie leicht. Fast schon obligatorisch isst man dazu einen mit Sahne verfeinerten Quark, der ganz nach Gusto mit Zwiebeln, Kümmel und Kräutern zubereitet ist. Wer will, kann dazu noch so einen richtigen schwäbischen Stinker servieren. Gemeint ist natürlich ein Romadur, bekannt auch als »Backstoikäs«.

Wie sagte doch der Maurer zu seinem gut gereiften Romadur, als er diesen auf der Baustelle auspackte: »Von mir aus kasch a bissle romlaufa, abr zom Veschpr bisch wieder do.«

KARTOFFELAUFSTRICH

ZUTATEN

2–3 mehlige Kartoffeln
2–3 Knoblauchzehen
100 g Sauerrahm
1 kleine Zwiebel oder Schalotte
½ Bund Peterling
Salz und Pfeffer
frische Kräuter
Paprikapulver

ZUBEREITUNG: Kartoffeln schälen, abkochen und durchdrücken. Knoblauch abziehen und durchdrücken oder ganz fein hacken. Restliche Zutaten damit vermengen. Abschmecken und aufs Brot streichen. Mit Paprikapulver bestreuen.

KARTOFFELGULASCH

ZUTATEN für 4 Portionen

1 kg	**festkochende Kartoffeln**
2	**Zwiebeln**
1-2	**Gelbe Rüben**
1	**rote oder grüne Paprikaschote**
	Butterschmalz
2 EL	**Tomatenmark**
1-2	**Knoblauchzehen**
2 EL	**Paprikapulver rosenscharf**
	Salz und Pfeffer
	Kümmel
500 ml	**Brühe oder Wasser**
2 EL	**Sauerrahm** (optional)

ZUBEREITUNG: Die Kartoffeln schälen und die Zwiebeln abziehen. Beides grob würfeln. Gelbe Rüben und Paprika klein schneiden. Alles zusammen in heißem Fett anbraten. Tomatenmark, klein geschnittenen Knoblauch sowie Gewürze zugeben und kurz mitrösten. Mit Brühe oder Wasser aufgießen und etwa 15 bis 20 Minuten köcheln lassen. Abschmecken und fertig ist ein preiswerter Eintopf. Er darf gern ein wenig scharf gewürzt sein. Wer will, kann ja noch eine Peperoni mitkochen oder mit scharfem Paprika nachwürzen. Und dann ab in den Teller und einen Klecks Sauerrahm darauf.

TIPP: Für unsere Fleischesser empfehle ich, fette geräuchte Würste in Scheiben zu schneiden oder Fleischwurst zu würfeln und dazuzugeben.

KARTOFFELWÜRSTLE

ZUTATEN für 4 Portionen

1 kg	**Kartoffeln**
100 g	**Mehl**
	Salz
2	**Eier** (optional)

ZUBEREITUNG: Die am Vortag gekochten Kartoffeln schälen und fein reiben. Mehl, Salz und, wer mag, ein Ei beigeben. Auf einem bemehlten Nudelbrett oder Tisch die Zutaten zu einem festen Teig verarbeiten. Etwas ruhen lassen. Danach die Kartoffelmasse zu Kartoffelwürstle formen und in einer Kasserolle im Ofen braun herausbacken. Dazu gibt es Sauerkraut oder Apfelmus.

TIPP: Sie können auch einen Teil des Teiges abzweigen, mit Grieben oder Speckwürfeln vermengen, runde Kartoffeltaler formen und in Fett in der Pfanne braun anbraten. Man reicht diese als Beilage beispielsweise zu Schweinebraten mit Kraut.

KARTOFFELPUFFER

ZUTATEN für 4 Portionen

750 g	Kartoffeln
1	Zwiebel
125 ml	Milch
30 g	Mehl
1	Ei
	Salz
	Butterschmalz zum Braten

ZUBEREITUNG: Die rohen Kartoffeln schälen und mit der Zwiebel in eine Schüssel reiben. Den Kartoffelbrei in ein Sieb geben und gut abtropfen lassen. Mit den genannten Zutaten vermengen, sodass sie zu einem dickflüssigen Teig werden. In einer Pfanne das Butterschmalz erhitzen und kleine, dünne Kartoffelpuffer backen. Dazu reicht man Apfelmus oder Kopfsalat.

VARIANTEN: Puffer-Rezepte gibt es sicher in Hülle und Fülle, sie variieren je nach Jahreszeit. Aber ganz wichtig: Immer in Butterschmalz braten. Hier weitere Möglichkeiten: Den Teig mit einem Drittel gekochten und zwei Dritteln rohen Kartoffeln variieren. Unter den Teig gehacktes Sauerkraut, Speckwürfel, Eischnee und eingeweichte Wecken mengen. In den Pufferteig geraspelte Karottenstreifen geben und Quark daruntermischen. Kartoffeln und eine Zwiebel roh reiben, Äpfel mit der Schale grob raspeln. Mehl und Ei dazugeben und alles vermengen. Back wie bei Kartoffelpuffern beschrieben. Kartoffelpuffermasse mit Haferflocken strecken. In den Pufferteig Quark, Schnittlauchröllchen, 1 Knoblauchzehe, Salz, Pfeffer, Zitronensaft und auf Wunsch Schinkenwürfel geben.

KARTOFFELSTERZ

Der Sterz ist ein einfaches Gericht und wird hauptsächlich in Bayern und Österreich zubereitet. Fast schon als »aushausig« galt, wenn man noch Speckwürfel oder Grieben dazugab.

ZUTATEN für 4 Portionen

1 kg	**Kartoffeln**
	Salz
180 g	**Mehl**
1	**Ei** (optional)
80 g	**Butterschmalz**

ZUBEREITUNG: Die Kartoffeln am Vortag abkochen, schälen und mit der groben Lochung reiben. Etwas salzen und das Mehl dazugeben. Mit den Händen die Zutaten locker vermengen. Nach Belieben noch ein Ei untermengen. Die Masse wird mit einem Löffel oder einfach von Hand portioniert und in eine gut gefettete (früher mit Schweineschmalz) Kasserolle gelegt; im Ofen etwa 15 bis 20 Minuten bräunen lassen. Dazu reicht man Sauerkraut.

KAMINFEGER

ZUTATEN für 4 Portionen

1,2 kg	**Kartoffeln**
1	**Zwiebel**
	Butterschmalz
400 g	**Blutwurst**
	Salz und Pfeffer

ZUBEREITUNG: Die Kartoffeln abkochen, schälen und in Scheiben schneiden. Abkühlen lassen. Zwiebel würfeln und im Fett anbraten. Die Kartoffelscheiben und die Blutwurst dazugeben und alles zusammen weiterbraten. Dazu reicht man Sauerkraut oder grünen Salat.
Mancher hat, wenn er das fertige Gericht erst sieht, auf einmal keinen Hunger mehr.

BRATKARTOFFELN

ZUTATEN für 4 Portionen

1 kg	**festkochende Kartoffeln** (geschält, gekocht und abgekühlt)
	Butterschmalz
1-2	**Zwiebeln, klein geschnitten**
	Salz und Pfeffer
	Grünzeug

ZUBEREITUNG: Die Kartoffeln rädeln und in heißem Fett mit den fein geschnittenen Zwiebeln goldgelb anbraten, dabei würzen. Eine herrliche Beilage.

VARIANTE: Rohe Kartoffeln schälen, in Scheiben schneiden und in heißem Fett in der Pfanne bei niedriger Hitze goldgelb anbraten, Kümmel dazugeben. Wichtig: Die Bratkartoffeln immer mit Peterling oder Schnittlauch bestreuen.

SOẞEN

Erst seit Anfang des vorigen Jahrhunderts, als der geschlossene Herd sich immer mehr durchsetzte und man nicht mehr auf einen Bratspieß angewiesen war, konnte die Soße ihren Siegeszug in unseren Küchen antreten. Die Soßen dienen dazu, die Speisen schlüpfriger zu machen, damit sie besser hinunterrutschen, sei es nun bei Fleisch, Fisch oder Gemüse. Zudem erhöhen sie deren Verdaulichkeit und die Nährstoffaufnahme. Der Schwabe, als Nass-Esser bekannt, neigt ja gerne dazu, seine Mahlzeiten mit reichlich Soße zu verspeisen, sei es das Gemüse oder seine heißgeliebten Spätzle. Selbst ein Wiener Schnitzel ist vor seiner Soßenschüssel nicht sicher. Soßen sollten jedoch nicht dazu dienen, die Gerichte zu verbergen, wie man es manchmal immer noch sieht, nein, sie sollen das Aroma verbessern und als Bindeglied für die Speisen auf dem Teller dienen. Bei manchen Gerichten wie bei Sauren Kutteln, Linsen oder Sauren Kartoffelrädla hängt alles von der Soße ab.

Beim Abbinden von Soßen verfahren Sie wie folgt: Am beliebtesten ist die Mehlschwitze. Dabei wird Fett erhitzt, Mehl darübergestäubt und die entsprechende Flüssigkeit unter ständigem Rühren dazugegeben. Beispiele sind Brühe, Bratenoder Gemüsefond, Milch oder Wasser. Wird eine dunkle Variante gewünscht wie bei der Brennsoße, lässt man das Fett-Mehl-Gemisch so lange schwitzen, bis es sich dunkel färbt. Dabei gilt: Heiße Mehlschwitze immer mit kalter Flüssigkeit aufgießen und kräftig mit dem Schneebesen rühren. Für einen Liter Flüssigkeit rechnen wir ungefähr 50 g Mehl und 50 g Fett. Am besten ist es, Sie verwenden Butterschmalz. Ein echter Alleskönner. Butterschmalz besteht zu 99,8 Prozent aus Butterschmalz und zu 0,2 Prozent aus Wasser und Vitaminen. Es enthält keine Konservierungsstoffe und ist trotzdem monatelang haltbar. Im Verbrauch ist es viel ergiebiger als Butter.

Soßen kann man aber auch auf andere Art und Weise eindicken: Mehl mit etwas Wasser, Wein oder Fond anrühren und unter Rühren in die Soße geben. Oder Sie verwenden Kartoffelmehl mit etwas Wasser. Gut hilft auch restlicher Kartoffelbrei oder roh geriebene Kartoffeln. Eine weitere Variante stellt püriertes gekochtes Gemüse dar. Helle Soßen kann man auch durch Legieren binden; dazu Eigelb mit Sahne gut verrühren und unter die Soße ziehen. Achtung: Danach nicht mehr kochen lassen!

Gedenke stets der Harmonie
schon bei der Zubereitung:
Die Speise ist die Melodie,
die Soße die Begleitung.

BRENNSOẞE

Die Brennsoß, als braune oder saure Soß, Einbrenne oder auch einfach als Brenne bezeichnet, zählt zu den ältesten Soßen in unserem Siedlungsraum. Sie wird und wurde meist mit Essig sauer abgeschmeckt und zu allerhand Gerichten gereicht. Heute gilt die Brenne schon als Spezialität, kommt sie doch nur noch selten auf den Tisch. Nicht wegzudenken ist sie bei der »Schwäbischen Kuttelsupp« und den »Sauren Kartoffelrädla«.

ZUTATEN

50–60 g	**Butterschmalz oder Öl**
50–60 g	**Mehl**
2	**Zwiebeln**
500 ml	**Brühe oder Wasser**
1	**Nelke**
1	**Lorbeerblatt**
	Salz und Pfeffer
	Essig
1 EL	**Rotwein**
1 Prise	**Zucker**

ZUBEREITUNG: Fett erhitzen und das Mehl unter ständigem Rühren anbräunen. Kurz vor dem Aufgießen eine klein geschnittene Zwiebel kurz mitbraten. Mit der lauwarmen Brühe aufgießen und kurz aufkochen, danach etwa 20 bis 30 Minuten köcheln lassen. Eine mit Nelke und Lorbeerblatt gespickte Zwiebel dabei mitkochen. Kräftig würzen und mit Essig, Rotwein sowie Zucker abschmecken.

BRATENSOßE

ZUTATEN

	zerkleinerte Knochen und Sehnen vom Kalb (ein Kalbsfuß sollte auf jeden Fall dabei sein)
	Fett (Butterschmalz)
1	**Zwiebel mit Schale, halbiert**
1 Stück	**Sellerieknolle, gewürfelt**
1 Stange	**Lauch, in Stücke geschnitten**
2	**Gelbe Rüben, gewürfelt**
1–2 EL	**Tomatenmark**
	Salz und Pfeffer
	Brühe oder Wasser (nach Bedarf)

ZUBEREITUNG: Die zerkleinerten Knochen und Sehnen scharf im Fett anbraten. Das Gemüse dazugeben und mit anbraten. Sobald alles angebräunt ist, das Tomatenmark untermengen und ebenfalls kurz mitbraten. Mit 2 bis 3 Tassen Brühe oder Wasser auffüllen und einkochen lassen. Restliche Brühe aufgießen und 2 bis 3 Stunden köcheln lassen. Mit Salz und Pfeffer abschmecken und durch ein Sieb passieren.

So haben Sie eine gute und echte Bratensoße ohne teuren Fleischeinkauf.

TIPP: Ist die Soße nicht dunkel genug, einfach etwas Zuckercouleur beigeben. Als Alternative zum Nachdunkeln der Soße bietet sich ein Espresso an, der mit etwas Senf verfeinert wurde.

SAUERKRAUT

Es sind nicht die Deutschen, wie die meisten von uns annehmen, die das Sauerkraut als Nationalgericht beanspruchen, sondern die Elsässer. Unsere Nachbarn sind es, die mit dem in Fässern vergorenen Gemüse schon seit Langem kulinarische Köstlichkeiten zaubern. Die Herstellung des beliebten Sauerkrauts war aber schon den alten Römern und Griechen in der Antike bekannt. Besonders in der Seefahrt spielte es bei der Ernährung eine äußerst wichtige Rolle. Überliefert ist, dass James Cook 1772 für seine zweite Forschungsreise 60 Fässer Sauerkraut mit an Bord nahm, um seine Leute vor Skorbut zu schützen. Das eingesalzene Weißkraut war seit Jahrhunderten ein Grundnahrungsmittel der einfachen Bevölkerung. In den besseren Kreisen kam es höchstens verfeinert als Champagner- oder Rieslingkraut auf den Tisch. Denn auf die »petite différence« wurde großen Wert gelegt.

Wird im Norden das Kraut etwas gröber geschnitten, so liebt der Süddeutsche das im Ländle angebaute Spitzkraut von den Fildern. Leider wird das schmackhafte, feine Kraut vom Rundkraut verdrängt, da dieses von der Industrie besser verarbeitet werden kann. Was waren das noch für Zeiten, als ganze Kolonnen von Pferdefuhrwerken im Land unterwegs waren und die Krautbauern ihre Ware mit lautem Ruf und Schellen zum Verkauf anboten. Vor dem Münster in Ulm war ein separater Krautmarkt eingerichtet, und erst wenn die Wagen leer waren, ging es wieder zurück ins Unterland.

Filderkraut, Filderkraut!
Leit, kaufat Filderkraut!
's Geschäft, des wird jo äll Dag mender,
ond's isch doch ganz gwieß
nix gsender als des Kraut,
des ghert ens Haus, des butzt eich aus.
Glei de Kender sott mers gä,
henner schon de onsre gsäh?
Dia send anderscht, dicke Wergel,
koine so wie eire Dergel!
Deshalb dent, was i eich sag,
essat dreimol Kraut am Dag.

Und gesund ist die schwäbische Leibspeise. Das wussten schon unsere Altvorderen. So kannte ich einen alten Bauern, der sich bei Leibschmerzen ein Weißkohlblatt auf den Leib band. »'s gibt nix Bessres«, meinte er verschmitzt, »des hot scho mei Ähne so gmacht.« Aber Kraut entschlackt auch den Körper, es beinhaltet reichlich Vitamin C, die Milchsäurebakterien regen den Magen und die Darmtätigkeit an und wirken keimtötend. Bei chronischer Verstopfung ein Allheilmittel. Wia sagat d'Leit: »'s Kraut putzt da Darm.« Nicht umsonst kann man heute noch in Reformhäusern Sauerkrautsaft erwerben.

Und so wurde das Sauerkraut hergestellt: Nachdem das Kraut gekauft oder in speziell angelegten Krautgärten geerntet war, kam »d' Krautschneidre« mit ihrem großen Holzkrauthobel und dem großen speziellen Messer auf den Hof. Sie schnitt zuerst den Strunk heraus und hobelte das Kraut in den Krautstand aus Holz. Es gab aber noch die Gelt, ein Behälter aus Steingut. Er war nach Gebrauch leichter zu reinigen. Zuerst legte sie den Boden des Krautstandes mit Weißkrautblättern aus. Dann konnte das Hobeln beginnen. Jede Krautschicht wurde gesalzen, je nach Geschmack gab man Wacholderbeeren dazu, die man auf den Heiden sammeln konnte, etwas Kümmel und ein paar Apfelschnitz. Nun kamen die Buben zum Einsatz, die barfuß das Kraut stampften, bis es Wasser zog. Dann folgte die nächste Schicht. Feinschmecker gaben Weißwein dazu. Andere wieder Buttermilch, damit das Kraut gut zu gären begann.

Kraut wurde in großen Mengen eingeschnitten und, wenn keine Kinder zum Einstampfen da waren, mit einem Holzstämpfel festgestampft. Pro Familie wurden 60 bis 100 Krautköpfe eingemacht. Bei uns hobelte man das Kraut zuerst in die große Backschüssel, dann wurde es mit den Ingredienzien vermischt und ins Holzfass gegeben. Einer meiner Freunde, ein richtiger Küchentüftler, gibt in sein hausgemachtes Kraut reichlich Dillstängel (ohne Kraut) und geraspelte Ananas. Das ist ja das Schöne beim Kochen. Der Kreativität des Einzelnen sind keine Grenzen gesetzt.

Dieser Freund verarbeitet übrigens auf 10 kg Kraut 5 EL Kümmel, 3 EL Wacholderbeeren, 5 EL Dillstängel. Auf 1 kg Kohl rechnet man 25 g grobes Salz und 200 ml Buttermilch. Wenn ein Steinguttopf voll ist und der Saft bis an den Rand steht, legt man einen passenden Teller darauf, der mit einem Stein beschwert wird. In den oberen Rand des Gefäßes wird Salzlake eingefüllt, damit das Ganze luftdicht abschließt. Zum Schluss kommt der Deckel drauf, und man lässt das Kraut 3 bis 4 Wochen gären. Während des Gärprozesses den Krauttopf nicht in den Kühlschrank stellen, da sonst die Bakterien absterben.

Sie sehen, es ist wirklich kein Kunststück. Und Hausgemachtes ist dem Industriekraut in Dosen weit überlegen. Trotzdem werden 80 Prozent des Sauerkrauts in Konserven gekauft. Um das Kraut dabei haltbar zu machen, muss es pasteurisiert werden, damit die Gase entweichen können. Da bleibt von den gepriesenen Heilstoffen nicht mehr viel übrig.

Das Sauerkraut hat bis in unsere Zeit an Beliebtheit nichts eingebüßt, was folgende Sprüche und Verse beweisen:

's Kraut isch heit guat,
hot sell Magd gsait
ond da Schpeck gfressa.

Kraut ond Schpeck haut Hecka weg.

I nemm amol da Schpeck,
no weiß e glei, wie viel Kraut e brauch,
hot sell Bauer gsait.

Gega d'Dommheit isch koi Kraut gwachsa.

Liabr 's Kraut mit Liab als a Sau em Schtreit.

's Bamba ond 's Kraut schneida goht au ed auf oimol.

A rechts Haus verliert nix,
hot d'Bäure gsait,
und d'Socka aus em Kraut rauszoga.

Knöpfla ond Kraut hent scho manch Figur versaut.

Du liabr Gott, wie schpannt mei Bauch,
i han a Pfann voll Knöpfla gessa ond
an Hafa Kraut.

Liabr a Laus em Kraut wie gar koi Floisch.

SAUERKRAUT

ZUTATEN

3 kg	**Weißkraut**
25 g	**Salz** (pro Kilogramm Kraut)
	Kümmel
	Wacholderbeeren
	Buttermilch
	Honig oder Zucker

ZUBEREITUNG: Den Kohl, wie eingangs bereits beschrieben, schneiden und mit den Gewürzen vermengen und kräftig durchkneten, bis Saft austritt. Etwa 30 Minuten ziehen lassen. Den Kohl in einen Steinguttopf füllen und kräftig stampfen. Mit etwas Salzlake auffüllen (3 EL Salz auf 2 l Wasser), bis der Kohl ganz bedeckt ist. Das Kraut mit einem Mulltuch bedecken, einen Teller auflegen und mit einem Krug Wasser beschweren. Ab und zu kontrollieren, ob noch ausreichend Lake vorhanden ist. Schaum abschöpfen. Das Tuch alle fünf Tage wechseln. Wenn nach etwa 4 bis 6 Wochen keine Bläschen mehr sichtbar sind, ist der Gärprozess abgeschlossen. In Gläser füllen und in den Kühlschrank stellen oder eindünsten.

SAUERKRAUTSUPPE

ZUTATEN für 4 Portionen

2	**Zwiebeln**
500 g	**Sauerkraut**
300 g	**Schweinefleisch**
3 EL	**Öl**
1 EL	**Mehl**
2 TL	**Paprikapulver**
750 ml	**Fleischbrühe**
	Salz und Pfeffer
½ Becher	**Crème fraîche**

ZUBEREITUNG: Die Zwiebeln abziehen und klein schneiden. Das Sauerkraut grob zerpflücken. Die Zwiebeln und das grob gewürfelte Fleisch in heißem Öl scharf anbraten, mit Mehl und Paprikapulver bestäuben. Das Sauerkraut und die Brühe dazugeben. Die Sauerkrautsuppe 40 Minuten köcheln lassen und mit Salz, Pfeffer und Paprikapulver abschmecken. In den Teller schöpfen und mit Crème fraîche servieren.

SAUERKRAUTSALAT

ZUTATEN für 4 Portionen

600 g	Sauerkraut
1	Zwiebel
1	Apfel
2	Gelbe Rüben
1 EL	Öl
	Sauerkrautsaft oder Essig
	Salz und Pfeffer
	Zucker

ZUBEREITUNG: Dem aufgelockerten und geschnittenen Sauerkraut die fein geschnittene Zwiebel und den fein gewürfelten Apfel sowie die geraspelten Gelben Rüben zufügen. Mit Öl und Essig anmachen und mit den Gewürzen abschmecken. Alles 1 Stunde ziehen lassen.

GEKOCHTES SAUERKRAUT

ZUTATEN für 4 Portionen

1	Zwiebel
60 g	Schmalz oder Butterschmalz
1 kg	Sauerkraut
	Wacholderbeeren nach Belieben
	Salz und Pfeffer
	Kümmel
1 Schuss	Weißwein
	Honig oder Zucker
1	Apfel
1–2	Kartoffeln

ZUBEREITUNG: Die geschnittene Zwiebel im Fett andämpfen, das aufgelockerte Sauerkraut dazugeben und mit Wasser auffüllen, sodass das Kraut bedeckt ist. Gewürze und Wein sowie den geviertelten Apfel zugeben und alles etwa 1 ½ Stunden kochen lassen. Die Kartoffeln schälen, reiben und zum Schluss dem Kraut zur Bindung untermengen.

ROTE RÜBEN

Schon die alten Ägypter und Griechen schrieben diesem Rotschopf, einem Verwandten von Mangold, Runkelrübe und Spinat, heilende Kräfte zu. Galten die Roten Rüben, auch Rote Bete genannt, doch als geschätztes Wundermittel in der damaligen Heilkunde, wobei in der Antike eher das Blattgrün als die Knolle verzehrt wurde.

Der Name Rote Bete leitet sich vom lateinischen »beta« für Rübe ab. Wie die meisten unserer Nutzpflanzen kam sie mit den Römern in unsere Gärten. Die uns bekannten Sorten wurden im 19. und 20. Jahrhundert kultiviert und waren früher ein geschätztes Winteressen. Das eher süße Aroma ist nicht jedermanns Geschmack. So war die Rote Rübe bei uns Kindern nicht besonders beliebt. Sie galt auch lange Zeit als Arme-Leute-Essen, was schon der Spruch »Wer Rüben essen muss, kann kein reicher Mann sein« aussagt.

Aber die Essgewohnheiten haben sich geändert. Heute steht die rote Knolle bei den Gourmets wieder ganz oben auf der Beliebtheitsskala. Man hat erkannt, welch wertvolle Inhaltsstoffe diese unscheinbare Knolle beinhaltet. So entgiftet sie den Körper, stärkt das Immunsystem, senkt den Blutdruck und hilft bei Appetitlosigkeit sowie Leberschäden.

Noch gut erinnere ich mich daran, als meine Geschwister und ich mit »Roten Flecken« (Masern) im Bett lagen und unsere Nachbarin zwei Gläser eingemachte Rote Rüben vorbeibrachte. Sie schwor darauf, dass dieser rote Sonderling speziell bei Grippe Wunder bewirken würde. Wir mussten also in den sauren Apfel, besser gesagt, in die Rote Rübe beißen. Ich weiß heute nur noch, dass wir nach drei Tagen das Bett gesund verlassen konnten.

Wenn Sie in der glücklichen Lage sind, einen Garten zu besitzen, so stecken Sie im April 2 bis 3 Samenkörner im Abstand von 30 cm in ein Beet, drücken die Erde fest und bewässern die neue Saat. Sobald die ersten Blättchen das Tageslicht erblicken, zupfen Sie die schwächsten davon heraus. Ab Juli können Sie die Rüben ernten. Wer dazu noch einen kühlen Keller hat, kann die Rüben im feuchten Sand bis ins Frühjahr lagern. Kenner der Materie bauen sich im Garten eine Miete. Dafür heben Sie eine 50 cm tiefe Grube aus, geben Sand hinein und legen die Grube mit einem engmaschigen Draht aus (hält Mäuse ab). Nun können Sie die unverletzten Früchte lagern. Darüber wird Stroh gedeckt, anschließend Erde darauf verteilt. Diese Art von »Einkellern« gilt auch für Gelbe Rüben, Weißkohl und Kartoffeln. Beim Einlegen die alten Blätter nicht abschneiden, sondern vorsichtig abdrehen.

In der neuen deutschen Küche werden auch die Blätter der Roten Rüben als sautiertes Gemüse zu Fleisch und Fisch serviert. Eine Freundin des Hauses schwört übrigens auf das Eindünsten der roten Wunderknolle. Also erst abkochen, schälen und in Scheiben schneiden. Mit Salz, Pfeffer, Essig (nicht sparen), Öl und frisch geriebenem Meerrettich anmachen. Gut durchziehen lassen, in Gläser abfüllen und die Brühe verteilen. Kleine Gläser im Einmachtopf 20 Minuten bei 80 Grad dünsten, größere Gläser 30 Minuten. Damit ist Ihr Vorratsschrank immer gefüllt.

ROTE-GELBE-RÜBEN-APFEL-SAFT

ZUTATEN für 1 Portion

1 kleine	**Rote Rübe**
4 Gelbe	**Rüben, gesäubert**
1 großer	**Apfel**

ZUBEREITUNG: Die Rote Rübe, die Gelben Rüben und den Apfel in Stücke schneiden und alles im Entsafter auspressen. Fertig! Gesünder geht's nicht.

TIPP: Die Obst- und Gemüseanteile können Sie natürlich variieren. Saftmischungen mit Birnen, Orangen, Knoblauch oder Tomaten bieten sich als Alternativen an – immer dabei natürlich die Rote Rübe. Ganz toll schmeckt Rote-Rüben-Saft, mit etwas Zitrone und Orangensaft verfeinert. Und fast hätte ich es vergessen: Rote-Rüben-Saft eignet sich hervorragend zum Färben von Marmeladen. Probieren geht über Studieren.

ROTE-RÜBEN-SUPPE

ZUTATEN für 4 Portionen

1 große	**Zwiebel, fein geschnitten**
1 EL	**Butter**
3–4	**Rote Rüben**
1 l	**Brühe**
	Salz und Pfeffer
	Meerrettich, gerieben
	flüssige Sahne (optional)

ZUBEREITUNG: Die fein geschnittene Zwiebel in der zerlassenen Butter anschwitzen. Die rohen, geschälten Rüben in den Topf raspeln. Mit der Brühe aufgießen und köcheln lassen. Mit den Gewürzen und dem Meerrettich abschmecken. Vor dem Servieren die »Schnitzbrüh«, also die Rote-Rüben-Raspeln, mit dem Mixer pürieren. Nach Belieben mit Sahne verfeinern.

ROTE-RÜBEN-SALAT

ZUTATEN für 4 Portionen

600 g	Rote Rüben
	Kümmel (optional)
	Essig
	Öl
	Meerrettich
1	klein geschnittene Zwiebel
1 Prise	Zucker
2–3	Lorbeerblätter
	Salz und Pfeffer

ZUBEREITUNG: Die Rüben waschen, in reichlich Wasser aufsetzen und je nach Größe etwa 45 bis 60 Minuten kochen. Wer will, kann etwas Kümmel beigeben.

Für die Marinade die restlichen Zutaten mit einem Teil des Kochwassers anrühren. Da die Rüben leicht süßlich schmecken, beim Essig nicht sparen. Sie können die abgekühlten Rüben mit einer Raspel zerkleinern oder würfeln. Ich selbst schneide sie mit dem Messer in mundgerechte, dickliche Scheiben. Andere lieben eher den mit dem Gurkenhobel fein geschnittenen Salat. Die Rübenstücke anschließend mit der Marinade übergießen. Bei Bedarf noch etwas Kochbrühe zugeben. Die eingelegten Rüben einige Stunden in der Marinade ziehen lassen.

TIPP: Den Rote-Rüben-Sud auf keinen Fall wegschütten. Trinken Sie ihn, Ihr Immunsystem und Ihr Blutdruck werden es Ihnen danken. Es bietet sich an, größere Mengen zu kochen und diese in einem Steintopf kühl zu stellen (hält sich gut eine Woche). Noch besser ist es, den restlichen Rübensalat in Gläser abzufüllen und einzudünsten.

ZWIEBELN

Die Tränen, die uns dieser Wonneproppen in die Augen treibt, sind reine Freudentränen. Was wären unsere Soßen, Braten, Suppen, Vesper und Salate ohne sie? Stellen Sie sich mal Leberkäse oder Rostbraten ohne Zwiebel vor! Doch so wie die einen ohne Zwiebel nicht leben können, so angewidert wenden sich andere von den Stinkern der Natur ab.

In Deutschland verbrauchen wir pro Kopf jährlich etwa 7 ½ kg Zwiebeln, wovon etwa 26 Prozent bei uns erzeugt werden. Der Rest kommt aus Ländern wie Ägypten, Chile, Südafrika und Australien. Zwiebeln sind in der ganzen Welt zu Hause. Neue Züchtungen verwöhnen uns mit neuen Farben und Formen. Allein in Deutschland sind im Bundessortenamt 65 verschiedene Sorten gelistet. Eine der bekanntesten im Ländle sind die Stuttgarter Riesen. Also eine großköpfige Sorte, die alle Vorzüge einer guten Zwiebel besitzt.

Die Zwiebel zählt zu den ältesten Kulturpflanzen der Welt. Das biblische Alter von 5000 Jahren spricht für sich. Durch die Jahrhunderte hat sie sich als Heilmittel einen Namen gemacht. Genaueres erfahren wir erstmals an den Pyramiden. Beim Bau dieser noch heute bestaunten Weltwunder gehörten reichlich Zwiebeln und Knoblauch zum täglichen Mahl. Als der Geschichtsschreiber Herodot die Baustelle besuchte, verschlug es ihm fast den Atem ob der Zwiebelwinde. »Es stinkt zum Himmel«, schrieb er. »Die Pyramide ist fast fertig«, notierte er und suchte das Weite. Die Zwiebel wurde von den Ägyptern zur Gottheit erhoben. So hoch war dort ihr Ansehen. Doch dies galt nicht überall. In den höheren Ständen Roms rümpfte man schon immer das Näschen; nach Zwiebeln und Knoblauch zu riechen, war für sie nicht gerade die feine Art. Die reichen Römer verbannten sie denn auch in die Armenküchen. Als

ich einmal in einer Wirtschaft auf der Alb einen Wurstsalat mit viel Zwiebeln bestellte, meinte der Wirt: »Wenn de Reiche wüßtat, wia gsond Zwiebla send, hättat de Arme bald koine meh.«

Schon die alten Griechen wussten über die erstaunliche Wirkung der Zwiebel zu berichten. So hilft sie bei Thrombosen und Infekten, ist harntreibend, lässt die Gallensäfte fließen und hält den Kreislauf in Schwung. Zudem schützt sie Magen und Herz. Verwendet wird die Zwiebel auch bei Erkältungskrankheiten, Heiserkeit und Entzündungen. Schon als Kinder lernten wir, bei Bienen- und Wespenstichen Zwiebelscheiben aufzulegen. Die Zwiebelapotheke ist ein echtes Wunder der Natur. Russisch-orthodoxe Mönche schwören auf die Kraft der braunen Knolle, denn in deren Klöstern leben die ältesten Menschen Russlands. Wenigen ist bekannt, dass die Zwiebel ein natürliches Antibiotikum enthält. Sie ist also nicht nur die Allzweckwaffe der Köche, sondern auch ein echter Gesundbrunnen.

Als der Dichter Eduard Mörike einmal in einer Kammer schlafen musste, in der Zwiebelzöpfe aufgehängt waren, inspirierte ihn das häusliche Idyll zu folgendem Gedicht:

Ganz richtig hört' ich sagen,
dass, wer in Zwiebeln schlief,
hinunter wird getragen
in Träume schwer und tief.

Dem Wachen selbst geblieben
sei irren Wahnes Spur:
Die Nahen und die Lieben
hielt er für Zwiebeln nur.

Und gegen dieses Übel,
das gar nicht angenehm,
hilft selber nur die Zwiebel
nach Hahnemanns System.

Das lasst uns gleich versuchen!
Gott gebe, dass es glückt!
Und schafft mir Zwiebelkuchen!
Sonst werd ich noch verrückt.

Von der Zwiebel kann übrigens alles verwendet werden. So sammeln viele die braunen äußeren Schalen, um damit später Ostereier zu färben. Dabei werden die Zwiebelschalen kräftig ausgekocht und die Eier darin eingelegt. Der Schalensud diente früher aber auch zum Färben der Wolle. In der Küche röstet der Koch eine halbierte Zwiebel in der Pfanne an und gibt sie zur Fleischbrühe, auf dass diese einen leicht hellbraunen Ton annehme.

EINGELEGTE ZWIEBELN

ZUTATEN
Zucker
kleine Zwiebeln oder Schalotten
Essig
Öl

ZUBEREITUNG: Zucker in einer Pfanne karamellisieren und die kleinen, geschälten Zwiebeln oder Schalotten dazugeben und mit etwas Wasser aufgießen. Köcheln lassen, bis sie fast weich sind. Etwas Essig zugeben und kurz aufkochen lassen. In ein Glas geben und abkühlen lassen. Öl hinzufügen, um die eingelegten Zwiebeln luftdicht abzuschließen. So kann man sie 4 bis 6 Monate aufbewahren.

VARIANTE: Die geschälten kleinen Zwiebeln einölen und auf einem Blech bei 200 Grad im Ofen etwa 25 Minuten al dente garen. Mit Rotweinessig, Honig, Pfeffer und Salz 5 Minuten köcheln lassen. Abkühlen, in Gläser geben und mit dem Sud bedecken. Wer ganz sicher gehen will, kann noch etwas Öl zugeben. Ungefähr 2 Wochen ziehen lassen. Haltbarkeit: 4 bis 6 Monate.

KARAMELLISIERTE ZWIEBELN

ZUTATEN
Schalotten
Butter
Zucker

ZUBEREITUNG: Schalotten schälen und in brauner Butter dünsten. Mit Zucker bestreuen und weiterbraten, bis sie eine braune Farbe angenommen haben. Ab und zu leicht schwenken. Eine herrlich duftende Beilage zu Fleischgerichten.

TIPP: Appetitlich sieht es aus, wenn Sie kleine Zwiebeln auf einen Spieß stecken und braten.

ZWIEBELSUPPE ÜBERBACKEN

ZUTATEN für 4 Portionen

5 große	Zwiebeln
75 g	Butter
1 l	Brühe
125 ml	Weißwein
	Salz und Pfeffer
4	Weißbrotscheiben
100 g	geriebener Emmentaler

ZUBEREITUNG: Die Zwiebeln abziehen, in Scheiben schneiden und in der Butter hellgelb andünsten, mit der Brühe aufgießen und etwa 30 Minuten köcheln lassen. Zum Schluss den Wein zufügen und würzig abschmecken. Die Suppe in feuerfeste Tassen verteilen, mit einer Weißbrotscheibe belegen, mit dem geriebenen Käse bestreuen und im Ofen bei 200 Grad goldgelb überbacken.

BADISCHE ZWIEBELSUPPE

ZUTATEN für 4 Portionen

500 g	Zwiebeln
60 g	Butter oder Margarine
15 g	Mehl
1 l	Brühe
	Salz und Pfeffer
2	Toastscheiben
2	Eigelb
125 ml	Weißwein
4 EL	flüssige Sahne
	Schnittlauch

ZUBEREITUNG: Die Zwiebeln abziehen und in Scheiben schneiden. Die Butter erhitzen und die geschnittenen Zwiebeln etwa 3 Minuten glasig dünsten, das Mehl dazugeben und kurz mit anschwitzen. Nun die heiße Brühe darübergießen, abschmecken und 20 Minuten köcheln lassen. Das Brot würfeln und in der Pfanne mit Butter anrösten. Vor dem Servieren das Eigelb mit dem Wein und der Sahne verkleppern, in die Suppe geben und kurz ziehen lassen. Die Suppe darf nicht mehr kochen! Nun die Brotwürfel und den fein gehackten Schnittlauch auf die Suppe streuen und in einer vorgewärmten Terrine auftragen.

ZWIEBELSCHEIBEN

Eine dicke Zwiebelscheibe, über Nacht in Essig gelegt und am nächsten Tag auf das Hühnerauge gebunden, am besten mehrmals, hilft, den Plagegeist zu entfernen.

SCHMORZWIEBELN

ZUTATEN
kleine Zwiebeln
Weißwein
Lorbeerblatt
Zitronensaft
Zucker
Salz und Pfeffer
Olivenöl
flüssige Sahne

ZUBEREITUNG: Die Zwiebeln abziehen und im gewürzten Weißwein-Wasser-Gemisch etwa 25 Minuten köcheln lassen. Mit einer Schaumkelle herausnehmen und gut abtropfen lassen. Die Zwiebeln in einer Kasserolle in Olivenöl anschmoren und etwas Zucker dazugeben, damit sie schön braun werden, mit Sahne und Weißwein ablöschen und nochmals kurz schmoren lassen.

TIPP: Gut schmecken die Zwiebeln auch in brauner Soße – dann zum Verfeinern Rotwein verwenden. Eine köstliche Beilage zu Lamm, aber auch zu anderen Fleischgerichten.

GEFÜLLTE ZWIEBELN

Man kann die gefüllten Zwiebeln backen, dünsten oder grillen, ganz nach Geschmack. Und auch bei den Füllungen sind der Fantasie keine Grenzen gesetzt. Und wie einfach und schnell sind sie doch zubereitet.

ZUTATEN
große Zwiebeln

ZUBEREITUNG: Die großen Zwiebeln abziehen und etwa 15 Minuten in kochendem Wasser garen lassen. Auf jeden Fall müssen sie noch Biss haben, sollten also nicht zu weich gekocht werden, da sie sonst auseinanderfallen. Aushöhlen lassen sie sich am besten mit einem Apfelausstecher oder Butterkugelstecher. Das Zwiebelinnere sowie der Fond bieten sich hervorragend an, eine würzige Zwiebelsuppe zuzubereiten. Oder aber Sie kreieren eine deftige Zwiebelsoße zu Ihrem Lieblingsgericht. Ansonsten das Zwiebelinnere mit in die Füllung geben, denn jedes Stückchen, das verlorengeht, wäre unverzeihlich. Und nun rein in die Hülle mit der Fülle aus Hackfleisch, Speck, Käse, Gemüse, Reis, Hirse und, und, und. Einfach ausprobieren!

ZWIEBELRINGE IM BIERTEIG

ZUTATEN

130 g	Mehl
1 EL	Öl
1 EL	Bier
½ TL	Kümmel
	Salz und Pfeffer
2	Eiweiß
1 dicke	Gemüsezwiebel pro Person
	Mehl zum Bestäuben
	geriebener Käse
	gehackte Petersilie
	Fett zum Ausbacken

ZUBEREITUNG: Mehl, Öl, Bier, Kümmel, Salz und Pfeffer zu einem Teig verarbeiten und diesen etwa 30 Minuten ruhen lassen. Das Eiweiß steif schlagen und unter den Teig heben. Die Zwiebel in Ringe schneiden, diese mit Mehl bestäuben, durch den Teig ziehen und goldgelb im heißen Fett ausbacken. Nach Belieben mit geriebenem Käse oder gehackter Petersilie bestreuen.

TIPP: Wem das zu aufwendig ist, kann die Zwiebelringe auch nur bemehlen und dann im Fett herausbacken.

ZWIEBELFLEISCH

ZUTATEN für 4 Portionen

500 g	Rinder- oder Schweinefilet
	Öl
500 g	Zwiebeln
30 g	Mehl
750 ml	Buttermilch oder Brühe
	Salz und Pfeffer

ZUBEREITUNG: Das Fleisch in Streifen schneiden, in Öl scharf anbraten und würzen. Die Zwiebeln abziehen, in Scheiben schneiden, zum Fleisch geben und zusammen etwa 10 Minuten schmoren lassen. Nun das Mehl einstreuen, mit Buttermilch oder Brühe auffüllen und nochmals durchkochen. Kräftig abschmecken. Dazu gehören Salzkartoffeln und Salat.

TIPP: Zwiebelfleisch ist auch ein guter Resteverwerter. So können Sie auch gekochtes Rindfleisch oder Braten klein schneiden, etwas bemehlen, kurz anbraten, Zwiebeln dazugeben und mit etwas Brühe schmoren lassen.

ZWIEBELUMSCHLAG

Zwiebelringe kochen, in ein Tuch legen und so heiß wie möglich um den Hals legen. Sehr gut gegen Halsschmerzen. – In meiner Jugend wurde dieselbe Prozedur mit heißen Kartoffeln durchgeführt.

ZWIEBELSIRUP

Der Zwiebelsirup ist ein ideales natürliches Heilmittel bei Husten und Bronchitis.

ZUTATEN

große **Zwiebeln nach Bedarf**
brauner Zucker

ZUBEREITUNG: Die Zwiebeln in dicke Scheiben schneiden, mit braunem Zucker vermischen und etwa 12 Stunden ziehen lassen.

VARIANTEN: • Ein bis zwei große Zwiebeln auspressen und mit etwa 300 g braunem Zucker zu Sirup verkochen. • Etwa 500 g Zwiebeln fein schneiden und mit 1 bis 2 EL Honig und 400 g Zucker in 1 l Wasser rund 3 Stunden köcheln lassen. Nach dem Abkühlen abseihen und in Flaschen füllen. Bei Heiserkeit den Sirup erwärmen und täglich 6 Esslöffel einnehmen.

ZWIEBELWEIN

ZUTATEN

500 g **Zwiebeln**
1 l **Weißwein**
150 g **Honig**

ZUBEREITUNG: Die Zwiebeln zerkleinern und mit Weißwein und Honig vermischen. Alles 48 Stunden ziehen lassen. Bei Husten 3 Mal täglich vor dem Essen ein Glas trinken.

ZWIEBELSAFT MIT KANDISZUCKER

ZUTATEN

1 große **Zwiebel**
Kandiszucker

ZUBEREITUNG: Die dicke Zwiebel sorgfältig aushöhlen und mit Kandiszucker füllen. Mit einer Stricknadel den Zwiebelboden durchstechen und die Wunderknolle auf ein Trinkglas setzen, damit der heilende Saft hineinfließen kann. Wenn das Ihre Erkältung nicht lindert, dann ist Hopfen und Malz verloren.

ZWIEBELSAFT

Die grob gewürfelten Zwiebeln in die Saftpresse geben. Frisch gepresster Zwiebelsaft – nur frisch verwenden! – wird empfohlen bei Husten, Erkältungen, Erbrechen, Durchfall und Sonnenstich. Auch gut zum Einreiben von Warzen und Frostbeulen.

DINKEL

Bei unseren Großmüttern stand Dinkel noch ganz im Vordergrund, der wurde allerdings Mitte des 20. Jahrhunderts vom Weizen verdrängt. Der Kunstdünger bahnte dem Weizen den Weg. Durch dessen reiche Erträge und die leichtere Erntearbeit war sein Siegeszug nicht aufzuhalten. Als einzelne Bauern 1960 für den eigenen Bedarf wieder Dinkel anbauen wollten, mussten sie auf abenteuerliche Weise Saatgut aus der Schweiz über die Grenze schmuggeln. Dort hatte man schon früher den Wert der Urweizensorte erkannt und sie weitergezüchtet. Und das nicht ohne Grund. Im Dinkel stecken Kohlehydrate, die den Körper mit Energie versorgen, Ballaststoffe, die die Verdauung fördern, zahlreiche Mineralien, ungesättigte Fettsäuren sowie die Vitamine A, B und E, die das Immunsystem stärken und den Organismus kräftigen. Insgesamt sind die Inhaltsstoffe des Dinkels so ausgewogen wie bei kaum einer anderen Getreidesorte.

Dinkel wurde bereits von den Kelten angepflanzt. Besonders im süddeutschen Raum spielte er bis ins Mittelalter eine große Rolle. Die zahlreichen Anbaugebiete in Mittelfranken und vor allem in Baden-Württemberg brachten dem Getreide sogar den Namen Schwabenkorn ein. Noch um etwa 1900 wurde auf Deutschlands Äckern ebenso viel Dinkel wie Weizen angebaut. Die Bauern säten ihn gern auf ihren Feldern aus, weil er zu den pflegeleichtesten Getreidesorten zählt. Das goldene Urkorn stellt kaum Ansprüche an den Boden und trotzt vehement den Launen des Wetters. Seine Körner sind eng von Spelzen umschlossen und können dadurch Kälte, Nässe, Pilzen und Schädlingen trotzen.

Der Spelz umschließt die Dinkelkörner fest wie die Rüstung den Ritter und lässt sich nur schwer vom Korn trennen. Die Bezeichnung Spelz kommt zweifellos von dem alten Wort »spaltan«, das gleichbedeutend ist mit aufspalten, und drückt damit die Schwierigkeit aus, das Korn vom Spelz zu trennen. Das hat mit Sicherheit dazu beigetragen, dem Dinkel den Garaus zu machen, man bedenke nur das mühsame Dreschen. Aber früher wussten unsere Altvorderen die harte Schale des Dinkels zu schätzen. Schützte diese ihn doch besser vor Krankheiten wie Brand, Vogelfraß und »Lagern«, also wenn das Getreide durch einen Schlechtwettersturz zu Boden gedrückt wurde. Somit war er im Ertrag immer sicherer als Weizen.

Ein ganz wichtiger Punkt, der besonders in unserer Hightech-Zeit nicht vergessen werden darf, ist, dass der Dinkel – bedingt durch seinen dicken Pelz (Spelz) – keine Ährenbehandlung benötigt. Er muss also nicht gespritzt werden. Ein ausgesprochen schwäbischer Dickkopf eben. Dass er, bedingt durch den Spelz, sehr arbeitsintensiv und im Ernteertrag im Vergleich zum Weizen sehr bescheiden ist, gefällt den Wachstumsfanatikern unserer Zeit allerdings überhaupt nicht.

Aber wer zuletzt lacht, lacht am besten. Bescheidenheit hat noch niemandem geschadet. Am besten ist die besondere Eigenschaft der Spelzen, auch bekannt unter der Bezeichnung »Spreuer«, an deren Wiederverwertung zu sehen. Zuerst einmal eignete sich der Spreuer hervorragend zum Füllen von Schlafunterlagen, bekannt als »Spreuersäcke«, und besonders zum Füllen von Kindermatratzen war der Spreuer bis in unsere Zeit hinein beliebt. In Spezialwerkstätten können

heute noch mit Spreuer gefüllte Matratzen bezogen werden. Aber auch zum Herstellen von Polstermöbeln war der Spreuer sehr gefragt. Eine wichtige Funktion erfüllte der Spreuer auch als Viehfutter und Viehstreu.

Dinkel wurde jahrhundertlang in der Hauptsache als Brei gegessen. Auf der Schwäbischen Alb ist er meistens als »Schwarzer Brei« bekannt. Hierzu wurde der Dinkel zunächst angeröstet, geschrotet und dann erst gekocht. Dieser Brei ist auch als »Habermus« bekannt. Nicht zu verwechseln mit Hafer! Haber bedeutet so viel wie Lebensspender und die in alten Mythen und Sagen vorkommende »Habergoiß« war ein Lebensgeist. Der alemannische Dichter Johann Peter Hebel sagte dazu: »Chömmet, Chinder, esset Habermus, wachset und trüeihet (gedeihet).«

Auch der bekannte Kräuter-Pfarrer Johann Künzle hatte über die Nahrung unserer Väter nur Gutes zu berichten: »An Habermus gewöhnte Leute sind gesund, humorvoll, können schlafen wie ein Bär, sind aber nicht bärbeißig wie dieselben. Die Kinder sind rotwangig, pausbäckig und schauen drein wie Gottes liebe Sonne im Heuet.«

Ja, der Dinkel hat's wohl in sich. Und er gewinnt immer mehr Freunde. Heute wird in Deutschland etwa sieben Mal so viel Dinkel angebaut wie vor 25 Jahren. Die Erzeuger können die Nachfrage nicht mehr abdecken. Das Schwabenkorn, wie es früher auch genannt wurde, erobert die Bioläden und fehlt heute in keinem Bäckerladen. Ein schwäbischer Dickkopf hat einen Siegeszug ohnegleichen angetreten und ist wieder in aller Munde.

SCHERRKUCHEN

FÜR DEN TEIG
(ergibt 10 Stück)

1 kg	Dinkelmehl
1 Würfel	Hefe
30 g	Salz
600–700 ml	Wasser

FÜR DEN BELAG

150 g	Dinkelmehl
300–350 g	Sauerrahm
2–3	Eier
	Salz und Pfeffer
½ TL	Knoblauchpulver
3 große	Zwiebeln, in Ringe geschnitten
	Butter
	Schnittlauch oder Zwiebelröhrle (im Winter Lauch)
200 g	geräuchter Bauchspeck, fein gewürfelt
	Kümmel

ZUBEREITUNG: Aus den Teigzutaten einen Hefeteig herstellen und etwa 1 Stunde ruhen lassen. Mit nassen Händen in acht bis zehn Portionen teilen – jeweils in der Größe einer Dampfnudel – und auf einem bemehlten Brett 10 Minuten ruhen lassen.

In der Zwischenzeit für den Belag das Mehl mit Sauerrahm, den Eiern, Salz, Pfeffer und Knoblauchpulver gut verrühren. Die Zwiebeln in etwas Butter dünsten und dazugeben. Zum Schluss noch etwas Schnittlauch oder Zwiebelröhrle unterheben. Die Teigportionen mit bemehlten Händen ausziehen und den Belag aufstreichen. Abschließend den Speck und etwas Kümmel darüberstreuen. Die Fladen bei starker Hitze, 280 bis 300 Grad, 8 bis 10 Minuten backen.

GRÜNKERNKÜCHLE MIT PILZEN

ZUTATEN für 4 Portionen

250 g	Grünkernmehl
3	Eier
½ TL	Zucker
	Salz
250 ml	Milch
500 g	Pilze
1	Zwiebel
	Peterling
	Butter und Butterschmalz

ZUBEREITUNG: Die Eier trennen, das Eiweiß steif schlagen. Eigelb mit Mehl, Zucker, Salz und der Milch verrühren. Den Teig etwas ruhen lassen. Die Pilze in Scheiben schneiden, die Zwiebel fein würfeln und beides mit dem Peterling in Butter anschwitzen. Den Eischnee unter den Teig heben. Butterschmalz in einer Pfanne erhitzen und die Küchle auf beiden Seiten goldgelb anbraten. Mit den Pilzen servieren.

DINKEL-LAUCH-BRATLINGE

ZUTATEN für 4 Portionen

400 ml	Gemüsebrühe
180 g	Dinkelmehl oder -schrot
100 g	Lauch
	Kokosfett
4 EL	geriebenen Emmentaler
1–2	Eier
etwa 100 g	Vollkornpaniermehl
1 TL	Majoran
	Kräutersalz
	Muskat
	Paprikapulver
	geschälter Sesam zum Panieren

ZUBEREITUNG: Gemüsebrühe zum Kochen bringen und Dinkelmehl oder -schrot mit dem Schneebesen einrühren, einmal aufkochen und auf ausgeschalteter Herdplatte etwa 20 Minuten ziehen lassen. Lauch in feine Streifen schneiden und in Kokosfett glasig dünsten. Lauch, Käse, Eier und Vollkornpaniermehl zugeben und alles zu einer Masse verarbeiten. Mit den Gewürzen abschmecken. Die länglich-flach geformten Bratlinge in Sesam wenden, auf ein leicht eingeöltes Backblech legen und auf der zweiten Schiene von unten bei 200 Grad 20 bis 30 Minuten backen. Die Bratlinge sollen goldbraun sein (evtl. vorher wenden).

TIPP: Dazu empfehlen wir frische Pilze in Rahmsoße mit einem Salatteller oder eine Gemüsebeilage.

WIRSINGROULADEN MIT GRÜNKERNFÜLLUNG

ZUTATEN für 4 Portionen

300 ml	Gemüsebrühe
150 g	Grünkernschrot
1 großer	Wirsingkohl
1	Zwiebel
1	mittelgroße Gelbe Rübe
	Kokosfett
2 EL	Butter
2	Eier
	Kräutersalz
	Paprikapulver
1 TL	Majoran oder Basilikum
150 g	geriebener Emmentaler

ZUBEREITUNG: Gemüsebrühe zum Kochen bringen und Grünkernschrot einrühren. Einmal aufkochen und auf ausgeschalteter Platte 15 Minuten quellen lassen. Den Wirsingkohl in einzelne Blätter zerlegen, grobe Rippen herausschneiden und in wenig Gemüsebrühe garen, sodass die Blätter noch bissfest sind. Zwiebel und Gelbe Rübe fein würfeln, in Kokosfett andünsten und nach 5 Minuten mit 4 bis 5 EL Wirsingkohlbrühe ablöschen. Das Gemüse soll noch knackig sein. Gemüse mit der Butter, den Eiern, Gewürzen und Grünkern vermischen und bei Bedarf etwas von der übriggebliebenen Wirsingbrühe zugeben. Die Masse sollte cremig sein. Den Backofen auf 200 Grad vorheizen. Zwei oder drei Wirsingblätter, je nach Größe, übereinanderlegen und einen Teil der Masse darauf verteilen, aufrollen und in eine gefettete Auflaufform setzen. Die Rouladen 20 Minuten backen, mit dem Käse bestreuen und weitere 10 Minuten überbacken.

TIPP: Dazu empfehlen wir eine Tomatensoße und einen Salatteller.

GRÜNKERN-GEMÜSE-PFANNKUCHEN

ZUTATEN für 4 Portionen

100 g	Grünkernmehl
50 g	Dinkelmehl
250 ml	Milch
2 große	Eier
	Kräutersalz
	Muskat
	Pfeffer
	Paprikapulver
3 EL	geschälte Sonnenblumenkerne
1	Zwiebel, fein gewürfelt
	Kokosfett
250 g	Zucchini
3 EL	gewiegte Kräuter

ZUBEREITUNG: Das Mehl mit der Milch und den Eiern zu einem Teig rühren. 20 Minuten ruhen lassen. Der Teig muss langsam vom Löffel laufen. Nach Bedarf noch etwas Milch zugeben. Mit den Gewürzen abschmecken und die Sonnenblumenkerne zugeben. Die Zwiebel in Kokosfett 5 Minuten glasig dünsten. Die Zucchini in kleine Stifte schneiden und mit den Zwiebeln etwa 10 Minuten dünsten. Mit den Gewürzen abschmecken und zu dem Teig geben. Die gewiegten Kräuter einrühren und in einer Pfanne mit Kokosfett dünne Pfannkuchen ausbacken.

TIPP: Statt Zucchini frische Pilze oder anderes Gemüse verwenden. Dazu empfehlen wir einen Salatteller.

MUS UND SCHWARZER BREI

Das Mus, wir sagen heute Brei, zählt zu den ältesten Mehlspeisen überhaupt. So ist überliefert, dass im antiken Griechenland und im alten Rom die einfache Bevölkerung von Getreidebrei und Gemüsebeilagen lebte. Bei einer herrschaftlichen Hochzeit in Landshut anno 1475 wurde neben Hauptgerichten wie Hühner in weißer Brühe, gebratener Kalbskopf, Wildbret, Siedfleisch oder heiße Krebse auch weißes und braunes Mus als Beilage serviert. Im Laufe des 15. und 16. Jahrhunderts kam bei den einfachen Leuten immer weniger Fleisch auf den Tisch. Gründe waren das rasante Anwachsen der Bevölkerung und immer restriktiver werdende Jagdgesetze. So musste man sich meist auf Mehlspeisen beschränken. In jenen Zeiten wurde Mus oder Schwarzer Brei nicht nur zum Frühstück serviert, sondern auch als Beilage zu Gemüse oder dem wenigen Fleisch. Also eine Art deutsche Polenta. Nach dem Dreißigjährigen Krieg und den anschließenden Hungerjahren war man vielerorts froh, wenn wenigstens ein Saunabel über dem Tisch hing, um den Löffel einzufetten. Ein unverzichtbares Gerät beim Verzehr des Muses war der »Pfannenknecht«, auf dem die Muskachel auf den Tisch gestellt wurde. Nicht selten benutzte man ihn zum Aufwärmen der Speisen auf dem Feld.

Als das Mus im vergangenen Jahrhundert mehr und mehr von Brot und Kaffee abgelöst wurde, neckte man die armen Musesser gern als Musbäuch, Musfresser, Kleiafresser oder Kleiabeitel. Um jemand zu ärgern, spottete man: »Dir hen se's Muas au mit dr Schaufel gefuttrat«, was wohl auf ein breites Mundwerk hindeutete. Das nahrhafte Mus begleitete uns also durch die Jahrhunderte und galt noch im Mittelalter als die Nahrung schlechthin.

Auf einem Bauernhof richtete sich der Tagesablauf nach dem Rhythmus der Sonne. Mit den ersten Sonnenstrahlen war die Bäuerin oder die Magd bereits in der Küche, um den Herd anzuheizen und das Wasser in der Muskachel aus Messing aufzusetzen. Spätestens um sechs saß die Familie am Tisch und aß gemeinsam ihren Schwarzen Brei oder »Brennts Mus«, wie er auf der Alb hauptsächlich genannt wurde. Danach ging es in den Stall, um auszumisten und zu melken.

Bei den Armen der Gemeinde gab es fast nur Mus zu essen, Fleisch oft nicht mal am Sonntag. Das Musangebot bestand aus Dinkel und Gerste, später aus Weizen. Man variierte zwischen Grießmus, Hafermus und Holundermus. Verfeinert wurde es manchmal mit Milch, gedörrtem Obst, Kartoffeln oder Sauerkraut. Während der Adel prasste, war die Nahrung des Volkes mehr als einfach. Das Mus aus Musmehl war nichts anderes als in

der Mühle grob geschrotetes, geröstetes Getreide. Die ärmeren Schichten mahlten es zu Hause selbst mit einer Art Kaffeemühle. Sie packten das abgekühlte Mus in »Saublodra«, um es mit aufs Feld zu nehmen. Überliefert ist auch, dass das Mus scheibenweise – wie bei Grießschnitten – mitgenommen wurde. Es war sehr nahrhaft und hielt stundenlang den Hunger in Schach. Nicht umsonst meinten Feldarbeiter: »Mir dent da Maga mit onserem Mus ausmaura.« Das Musessen nahm dann doch ein schnelles Ende, als sich ein gewisser Wohlstand auf dem Lande ausbreitete.

In meiner Kindheit war ich im Sommer oft in den Ferien auf einem Bauernhof. Wenn zur Getreideernte alle Kräfte mobilisiert wurden, kam auch der Schwarze Brei wieder zu Ehren. Gerne erinnere ich mich an das gemeinsame Musessen im Kreis der Großfamilie. Während die einen den Brei vehement ablehnten, freuten sich die anderen auf die nahrhafte Pampe. Besonders beliebt ist noch heute der Haferbrei, bei den Briten und Schotten als »porridge« bekannt. Neuen Studien zufolge genießen 49 Prozent diesen Brei regelmäßig zum Frühstück. Das einstige Arme-Leute-Essen macht Furore, denn es ist wissenschaftlich erwiesen, dass es das Gesündeste ist, was sich zum Frühstück finden lässt. So enthält eine Portion Frühstücksbrei nur 146 Kalorien, eine Butterbrezel dagegen 274 und – man staune – ein Croissant 448. Auch bei uns kommt der Frühstücksbrei, verfeinert mit Früchten oder Nüssen, momentan wieder in Mode.

Während eines längeren Aufenthalts bei Verwandten in London bin auch ich vom »porridge« überzeugt worden. Seit über 40 Jahren steht jeden Morgen ein Teller dieses Gesundbrunnens, mit Ahornsirup und Milch verfeinert, auf meiner Tageszeitung. Auf die neuesten »bad news« stelle ich einfach mein »porridge«, und die Welt ist wieder in Ordnung.

BRENNTS MUS ODER SCHWARZER BREI

Da man früher den Schwarzen Brei zusammen aus einer Pfanne aß, gab es auch immer wieder Streit. So wurde nicht selten der Brei genau nach Personenzahl eingeteilt. Besonders um die Schmelze, also die zerlassene Butter oder das zerlassene Schmalz, wurden regelrechte Kleinkriege veranstaltet, wie Erzählungen aus dem Volksmund berichten: Ein Bauer nahm, wie es sich gehörte, den ersten Löffel aus der Kachel, zog dabei eine tiefe Rinne in das Mus und sprach: »So zog Moses durch das Rote Meer.« Und die zerlassene Butter folgte der Rinne. Der Großknecht dachte, was du kannst, kann ich auch, zog eine halbrunde Furche durch den Brei zu sich her und sprach: »Und es folgte ihm viel Volk nach.« Der Dritte nicht schlecht, zog Furchen kreuz und quer durch das Mus und sprach: »Und es gab ein großes Durcheinander.«

ZUTATEN für 4 Portionen

200 g	**Musmehl**
150 g	**Butter**
1 l	**Milch**
1 Prise	**Salz**

ZUBEREITUNG: Das Musmehl in einem Pfännle mit etwas Fett hellbraun anrösten. 50 g Butter in einem Topf zergehen lassen, 500 ml Wasser zugeben und unter ständigem Rühren das Musmehl einstreuen und zum Kochen bringen. Danach langsam die Milch dazugeben, salzen und etwa 15 bis 30 Minuten unter fleißigem Rühren fertigkochen. Vor dem Servieren die restliche Butter zergehen lassen und über das Mus verteilen.

TIPP: Das Musmehl für den Schwarzen Brei wurde früher im Ofen oder auch einfach vor dem Kochen in der Kasserolle mit Schmalz angeröstet. Am besten schmeckt das Mus natürlich aus einer Kupferpfanne, die früher in jedem Haushalt zur Standardausrüstung gehörte. Bei der Herstellung des Schwarzen Breis sollte in der Pfanne eine hellbraune Kruste entstehen. Die »Schuppet« war früher besonders bei den Kindern beliebt.

GRIEẞMUS

ZUTATEN für 4 Portionen

1 l	**Milch**
80–100 g	**Grieß**
2 EL	**Zucker**
1 Prise	**Salz**
50 g	**Butter**
1	**Eigelb**
	Zucker und Zimt

ZUBEREITUNG: In die kochende Milch den Grieß einstreuen und etwa 5 bis 10 Minuten unter ständigem Rühren köcheln lassen. Vor dem Servieren den Zucker und die Prise Salz zugeben, die Butter sowie das Eigelb unterziehen. Schön sieht es aus, wenn man Zimt und Zucker auf das fertige Mus streut und mit einem glühenden Eisenstab Figuren einbrennt.

MUSMEHLMUS

ZUTATEN für 4 Portionen

1 ½ l	**Wasser**
	Milch
200 g	**Mehl** (grob gemahlen aus Weizen, früher Dinkel, bei dem nur ein Teil der Getreidehülse entfernt ist)
1 Prise	**Salz**
50–70 g	**Butter oder Schmalz**
2 Scheiben	**Schwarzbrot, gewürfelt**

ZUBEREITUNG: Das Wasser, eventuell mit etwas Milch, aufkochen und das Musmehl langsam unter ständigem Rühren einstreuen. Salzen und 15 bis 30 Minuten unter ständigem Rühren köcheln lassen. Nach der Fertigstellung bekommt das Mus schnell eine Haut, worüber die zerlassene Butter gegossen wird. In vielen Gegenden werden noch Brotwürfel dazugegeben.

DIE »ALBLEISA«

Zurück in der Heimat erfreuen die Heimkehrer des Schwaben Herz. Linsen mit Spätzle und Saitenwürstle haben sogar die Maultaschen auf der Beliebtheitsskala verdrängt.

Vor 25 Jahren war Woldemar Mammel in Lauterach noch der einzige Linsenbauer im Ländle. 2007 zählte die Erzeugergemeinschaft bereits 15 Landwirte, heute ernten 60 Linsenbauern die Lieblingsfrucht der Schwaben. Der Anbau von Linsen auf der Schwäbischen Alb hat eine lange Tradition. Wegen des großen Aufwandes – Sä- und Erntemaschinen gab es damals noch nicht – gaben die Bauern in den 1950er-Jahren den Linsenanbau auf. Die alten Sorten verschwanden, Billigimporte aus dem Ausland übernahmen den Markt – wie beim Dinkel, der zur selben Zeit von den Äckern verschwand.

Wer am Karfreitag Linsen isst, dem geht das ganze Jahr das Geld nicht aus. – Wer am Karfreitag keine Linsen isst, bekommt Geschwüre, und wer's glaubt, wird selig.

Im Jahr 2006 entdeckten Mammel und zwei Mitstreiter in einer Saatgutsammlung in Sankt Petersburg die echten Alblinsen wieder, eine Sorte, die ideal an die harten Bedingungen auf der Alb angepasst ist. Immer mehr Biobauern interessieren sich nun wieder für die Albleisa. 2012 wurden rund 60 Tonnen der Hülsenfrüchte geerntet. Die Nachfrage ist in der Zwischenzeit so groß, dass sie relativ schnell ausverkauft sind. Ein kleines Wunder ist geschehen. Die Linsen müssen nicht gedüngt und nicht gespritzt werden, da die Pflanze für die eigene Düngung sorgt. So mögen es die Schwaben. »Sparsam, wächst alloi und ohne Hilfe ond schmeckt oifach so, wia mir's mögat.«

Linsen gelten als typische Berglandpflanzen. So gediehen sie besonders gut auf der Alb und im Schwarzwald, wo sie teilweise zusammen mit Gerste als Trägerpflanze gemischt ausgesät, gedroschen und gemahlen wurden. Man sprach dann von »Linsengerst«. Aus dem Mehl bereiteten unsere Altvorderen ein schmackhaftes, etwas raues und schweres Brot zu. Die Linse diente aber auch beim Dinkel als Unterfrucht. Bis auf die Albleisa ist der Linsenanbau in Deutschland inzwischen Vergangenheit. Die heute angebotene Ware kommt aus dem Ausland. Und da gibt es die verschiedensten Sorten von braun, grün bis hin zu schwarz und rot. Die größte Auswahl fand ich in einem indischen Tante-Emma-Laden in Ulm.

LINSEN

Im Dialekt heißen die Linsen »Leisa«, und weil bekanntlich nach dem Genuss von Hülsenfrüchten öfters Blähungen auftreten, sagt der Volksmund: »Leis eini, laut ausi.«

ZUTATEN für 4 Portionen

250 g	**Linsen**
1 l	**Brühe oder Wasser**
	Salz und Pfeffer
1	**Zwiebel, mit Nelken und Lorbeerblatt gespickt**
1 TL	**Tomatenmark**
100 g	**Speckwürfel**
1	**Zwiebel, gewürfelt**
	Butterschmalz
1 EL	**Mehl**
	Essig und Rotwein nach Belieben
1 Prise	**Zucker**

ZUBEREITUNG: Die Linsen waschen und mit Brühe oder Wasser aufsetzen. Würzen, die gespickte Zwiebel beigeben und das Tomatenmark unterrühren. Alles aufkochen. In einer Pfanne die Speck- und Zwiebelwürfel mit etwas Butterschmalz andämpfen, das Mehl dazugeben, alles hellgelb anbräunen und abkühlen lassen. Die Linsen je nach Größe etwa 30 bis 50 Minuten köcheln lassen. Erst zum Schluss Essig und Rotwein zugeben. Eine Prise Zucker sollte nicht fehlen. Mit der Speck-Zwiebel-Mehlschwitze abbinden und nochmals würzig abschmecken. Dazu passen, wie könnte es hierzulande anders sein, Spätzle (s. S. 65) und Saitenwürstle. An besonderen Festtagen können Sie auch einen geräuchten Schweinebauch mitkochen.

TIPP: Kochen Sie kleine Linsen, wegen ihres höheren Schalenanteils sind sie herzhafter im Geschmack, denn in den Schalen sitzt das Aroma. Linsen müssen Sie eigentlich nicht einweichen. Wenn Sie es doch wollen, versuchen Sie es mal mit Wein.

ÄPFEL

Der Verehrer sprach »Liebling, du siehst wieder zum Anbeißen aus« und verzehrte einen rotbackigen Apfel samt Schale und Butzen.

Wenn es sie nicht gäbe, müsste man sie erfinden. Eine echte Gottesgabe eben. Nicht umsonst heißt es: »Ein Apfel pro Tag hält den Doktor fern.« Neben den Vitaminen sind es vor allem die Ballaststoffe, die den Apfel zum Gesundbrunnen machen. Und der schmeckt uns roh mitsamt der Schale, als Saft und Most, gekocht als Apfelkompott oder Mus. Zudem versorgt er uns mit Kalium, Kalzium, Phosphor, Magnesium und Eisen. Das reichlich vorhandene Vitamin C stärkt unsere Abwehrkräfte. 70 Prozent der wertvollen Inhaltsstoffe stecken direkt oder unmittelbar unter der Schale. Also nur im Notfall schälen, sonst werfen Sie das Beste weg. Pflanzenstoffe wie Flavonoide und Carotinoide schützen Zellen und beugen somit auch Krebserkrankungen vor. Äpfel regulieren hervorragend die Verdauung. Durch das enthaltene Pektin sorgt der tägliche Apfel für einen gesunden Stuhlgang. Äpfel senken den Cholesterinspiegel und hemmen die Arterienverkalkung. Außerdem bescheren sie uns eine reine Haut. Äpfel sind eine wandelnde Apotheke.

Aber Apfel ist nicht gleich Apfel. Unter den 200 Apfelsorten gibt es große Unterschiede. Wer sich etwas Gutes tun will, kauft Bio-Äpfel. Wer einmal die Apfelbauern mit ihren Spritzkanonen beobachtet hat, weiß, wovon ich spreche. Zum Backen eignet sich die Sorte Boskoop am besten. Wer gegen Säure empfindlich ist, dem seien die Sorten Gala, Jonagold und Fuji empfohlen. Übrigens: Auch das Kerngehäuse ist gesund, es enthält viel Jod. Nein, die Stiele müssen Sie nicht essen. Aber waschen Sie die Äpfel und reiben Sie sie danach mit einem Tuch ab.

Ma muaß en mancha
saura Apfel beißa,
bis ma da richtiga fend.

Unsere Kindheit war erfüllt von Apfelblüten, den bunten Blumenwiesen und der Apfelernte. Sorten wie Goldparmäne, Gravensteiner, Gewürzluike und Kläräpfel waren damals die Stars im Apfelkorso. Fallobst wurde aufgesammelt und zu Apfelmus oder -kompott verarbeitet. Die weniger wertvollen Äpfel und Birnen kamen in die Moste, wurden gepresst und später im Keller zu Most vergoren. Die Apfelverwertung war allumfassend. Die letzten Äpfel kamen in die Brenne und wurden zu Obstler oder, entkernt und in Scheiben geschnitten, zum Trocknen aufgehängt. Birnen wurden ins Backhäusle gebracht und wurden in der Nachhitze zu Hutzla gedörrt. Die Winter waren lang und so ein Hutzlakompott mit Apfelscheiben und einer Stange Zimt war hochgeschätzt. Nicht zu vergessen das herrlich duftende Hutzlabrot in der Weihnachtszeit und später die Hutzlaplatz.

Das Fasten ist ein altbewährtes Mittel,
den Wohlbeleibten hält es fern vom Spittel;
wer seine Qualen nicht erdulden mag,
isst nur geschabte Äpfel jeden Tag.

APFELKÜCHLE MIT VANILLESOßE

FÜR DIE APFELKÜCHLE

250 g Mehl
2 Eiweiß
250 ml Milch
10 g Zucker
Salz
2–3 Äpfel
Öl zum Backen

FÜR DIE VANILLESOßE

250 ml Milch
1 TL Zucker
1 Vanilleschote
1 Eigelb
Mondamin

ZUBEREITUNG: Für die Apfelküchle Mehl, Eiweiß, Milch, Zucker und Salz zu einem Teig verrühren. Die Äpfel schälen, das Kerngehäuse ausstechen, den restlichen Apfel in etwa 1 cm dicke Ringe schneiden. In Mehl wenden, damit der Teig besser anhaftet, und in den Teig tunken. Die Apfelküchle, im heißen Fett schwimmend, goldgelb ausbacken.
Für die Vanillesoße die Milch mit Zucker und dem Mark der Vanilleschote aufkochen, anschließend mit dem Eigelb und etwas Mondamin eindicken. Die Vanillesoße zu den warmen Küchle servieren.

TIPP: Als Kinder haben wir die Apfelküchle immer in Zucker und Zimt gewälzt.

APFELSCHALENTEE

Wer glaubt, Apfelschalen sind nicht genießbar oder einfach zu hart, der irrt. Werfen Sie sie nicht auf den Kompost, denn dafür sind sie wirklich zu schade. Die Schalen leicht im Ofen trocknen. Im Sommer natürlich in der Sonne. Eine Handvoll getrocknete Apfelschalen mit 500 ml kochendem Wasser übergießen und etwa 10 Minuten ziehen lassen. Süßen nach Gusto! Schmeckt warm und kalt gut.

APFELESSIG-TRUNK

ZUTATEN
Apfelessig
Wasser

ZUBEREITUNG: Geben Sie etwas Apfelessig in ein Glas und füllen Sie es mit Wasser auf. Zum Mittagessen stellen Sie sich ein Glas davon auf den Tisch und nehmen alle paar Bissen einen kleinen Schluck davon. Die Speisen werden so besser verdaut.

TIPP: Dieser Obstessig-Trunk hilft, über einen längeren Zeitraum beim Essen eingenommen, beim Abnehmen. Außerdem ist er gut fürs Herz und verdünnt das Blut.

GERIEBENE APFELKÜCHLEIN

ZUTATEN

100 g	**Mehl**
1	**Ei**
etwas	**Milch und Zucker**
1 Prise	**Salz**
3–4	**mittelgroße Äpfel** (hier lassen sich auch gut beschädigte Äpfel verwenden)
2 EL	**Rosinen**
	Fett (Öl oder Butterschmalz) **zum Ausbacken**

ZUBEREITUNG: Einen festen Pfannkuchenteig herstellen. Die geriebenen Äpfel, die mit Rosinen vermischt werden, unter den Teig heben. In einer Pfanne das Fett erhitzen und löffelgroße Küchlein-Häufchen einsetzen. Achtung: Sie fließen dabei etwas auseinander. Auf beiden Seiten goldgelb anbraten und anschließend, mit Zucker und Zimt bestreut, genießen.

Leit, schparat ond kaufat eich Kämm, 's kommat lausige Zeita.

APFELEIERHABER

ZUTATEN für 4 Portionen

3	Eier
200 g	Mehl
	Salz
2 EL	Zucker
250 ml	Milch
4 große	reife Äpfel
	Zitronensaft
	Butter zum Braten
	Zucker und Zimt

ZUBEREITUNG: Die Eier trennen. Aus Mehl, Eigelb, Salz, Zucker und Milch einen Pfannkuchenteig anrühren und etwa 30 Minuten ruhen lassen. Die Äpfel schälen, entkernen, zerkleinern, mit Zitronensaft beträufeln und unter den Teig mengen. Das Eiweiß mit einer Prise Salz steif schlagen und unterheben. In einer Kasserolle die Butter zerlassen, den Teig zugeben, zudecken und bei kleiner Hitze den Teig steigen lassen. Nach etwa 8 Minuten mit zwei Gabeln in Stücke zerteilen und knusprig braten. Mit Zucker und Zimt bestreuen.

TIPP: Damit es schön knusprig wird, nach dem Zerteilen nochmals Butter zugeben. **Variante 1:** Rosinen in den Teig mischen. **Variante 2:** Die Apfelstücke anbraten, bevor man sie in den Teig gibt. **Variante 3:** Den Teig ohne Eischnee zubereiten; als Treibmittel kann man auch Hefe verwenden.

BRATÄPFEL

ZUTATEN

Äpfel – Boskoop oder Elstar
Preiselbeeren
gemahlene Nüsse
Butter
Puderzucker, Honig, Zucker, Zimt

ZUBEREITUNG: Das Kerngehäuse der Äpfel ausstechen. Dafür gibt es spezielle Apfelausstecher. Die Äpfel nicht schälen. Eine flache Kasserolle einfetten und die Äpfel einsetzen. Mit den Preiselbeeren füllen; es kann auch eine selbst gemachte Marmelade sein. Mit gemahlenen Nüssen bedecken. Butterflocken auflegen und ab in die vorgeheizte Röhre. Bei 200 Grad etwa 30 Minuten braten. Nach der Garzeit aus dem Ofen nehmen und mit Puderzucker bestäuben beziehungsweise mit Honig oder Zimtzucker verfeinern. Die Bratäpfel werden heiß serviert. Aushausige geben noch Schlagrahm darüber.

TIPP: Die weichen Bratäpfel vor dem Servieren mit Eierlikör übergießen. Es gibt aber auch die richtig beschwipsten Bratäpfel. Hierzu werden Sultaninen 1 Stunde in Rum eingelegt und anschließend in die Äpfel gefüllt. Ein Stück Zucker und eine Flocke Butter auf den Apfel legen und ab in die Röhre. Wer will, kann vor dem Servieren etwas Obstler darüberträufeln.

HAGEBUTTEN UND HOLUNDER

Die Heckenrose, Stammmutter vieler Zuchtrosen, bildet einen zwei bis drei Meter hohen, stachligen Strauch und blüht von Juni bis Juli. Ihre Frucht, die Hagebutte, können wir in den Monaten September bis Oktober sammeln. Das Hagebutten-Sammeln ist eng mit meiner Kindheit verbunden. Jeden Herbst zogen wir an den Waldrändern entlang und pflückten die orange leuchtenden Früchte in unsere Milchkännle. Die kleinen Kannen waren gut geeignet zum Sammeln, da wir sie am Gürtel oder an einem Ast befestigen konnten und so die Hände frei hatten. Das Einsammeln der Früchte war noch angenehm im Vergleich zum Trennen des Fruchtfleisches von den Kernen. Ein mühsames Geschäft. Wir Kinder fürchteten besonders die von Härchen umgebenen Kerne, die ekelhaft juckten.

Den ganzen Winter wurden wir dafür mit herrlich duftendem Tee entschädigt, der bei uns am Herdrand vor sich hin simmerte. Dazu ein Butterbrot mit reichlich Hägenmark und die Mühsal war schnell vergessen. Der Kernlestee hilft bei Erkältungen sowie Magen- und Nierenproblemen. Waren die Hagebuttenkerne erstmal im Ofen getrocknet, war auch Schluss mit dem lästigen Juckreiz.

Zum Abschluss der Hagebuttensaison durften wir Kinder aus den letzten Früchten eine Kette machen, die wir stolz um den Hals trugen. Und voller Frohgemut und der Gewissheit, ein Jahr lang vor diesem Männlein im Walde, das da steht auf einem Bein mit seinem purpurroten Mäntelein, Ruhe zu haben.

Früher gab es kaum einen Viehstall, der nicht von einem Holunderstrauch bewacht wurde, sollte er doch vor Ungeziefer und Unheil schützen. Jahrhundertelang galt der Holunder als heiliger Baum und ist stark mit der Volksseele verwachsen. Der Holunderbusch kann bis zu acht Meter hoch wachsen. Die Zweige enthalten ein weißes Mark. Wir Buben schnitten immer armlange und zwei bis drei Zentimeter dicke Zweige ab, höhlten sie aus und benutzten sie als Blasrohr. Als Munition dienten grüne Holunderbeeren. Mein Großvater schnitzte mir sogar einmal eine Flöte und eine Pfeife aus einem Holunderzweig. Alte Kinderreime haben bis heute überlebt: »Ringel, Ringel, Reihen, sind der Kinder dreien, sitzen unterm Holderbusch, machen alle husch, husch, husch!«

Im Frühjahr trägt der Holunder duftende, gelbweiß blühende Dolden. Daraus wurden Holunderküchlein hergestellt. Dazu wird die Dolde mit Stiel in Pfannkuchenteig getaucht, in reichlich heißem Öl herausgebacken und mit Zimtzucker bestreut. Die Blüten gelten als schweißtreibend und werden als Tee bei Grippe, Erkältungen, Halsschmerzen und Schnupfen empfohlen.

HAGEBUTTENLIKÖR

ZUTATEN

500 g Hagebutten
500 g Zucker
3 l Obstler

ZUBEREITUNG: Die Hagebutten und den Zucker in ein großes Glas geben und mit Schnaps auffüllen. 3 Wochen an der Sonne reifen lassen. Wer den Schnaps noch verfeinern möchte, gebe noch eine Zimtstange und Sternanis bei.

HOLUNDERGRIEẞBREI

ZUTATEN

250 g Holunderbeeren
200 g Grieß
250 g Apfelstücke
Zucker

ZUBEREITUNG: Die Beeren mit so viel Wasser aufsetzen, dass sie ungefähr einen Liter Saft ergeben. Alles gut köcheln lassen. Abgießen, den Grieß in den Saft geben und etwa 10 Minuten köcheln lassen. Kurz vor Garende die Apfelstücke mitkochen, zuckern nach Gusto.

HÄGENMARK

Eine Heidenarbeit war die Herstellung von Hägenmark. Erst mussten die Hagebutten halbiert werden, dann mit einem Kaffeelöffel die Kerne herausgeschabt werden. Die Schalen wurden gewaschen, mit etwas Weißwein oder Most vermengt und mehrere Tage im Keller gelagert, damit die Früchte weich wurden. Danach wurden sie durch ein Sieb gestrichen und das gewonnene Mark, mit Zucker vermischt, unter ständigem Rühren gekocht. Wenn alles fertig war, kam das Hägenmark in die Gläser.

HOLUNDERSAFT

ZUTATEN

1 kg Holunderbeeren
1 l Wasser
300 g Zucker

ZUBEREITUNG: Die gewaschenen Beeren im Wasser kochen, zuckern, abseihen und in Flaschen füllen.

HOLUNDERMUS MIT SCHNEEBALLEN

ZUTATEN

250 g Zucker
2 Nelken
1 Zimtstange
1 Zitronenscheibe
1 kg Beeren (evtl. mit anderem Obst mischen)
125 g flüssige Sahne
2-4 TL Speisestärke
2 Eiweiß
Zucker
Milch

ZUBEREITUNG: 250 ml Wasser mit Zucker und den Gewürzen aufkochen, die Beeren zugeben und weich kochen. Das mit Sahne verfeinerte Stärkemehl einrühren.

Dazu gibt's Schneeballen: Das Eiweiß steif schlagen, zuckern, mit einem nassen Löffel Klößchen in heiße Milch geben und 2 bis 3 Minuten zugedeckt dämpfen. Wenn die Klößchen fest sind, herausnehmen und auf das Holundermus setzen.

HOLUNDERMARMELADE

ZUTATEN

2 kg Beeren
2 Gewürznelken, Stangenzimt
Zitronenschale
250 ml Wasser
1 ½ kg Gelierzucker

ZUBEREITUNG: Beeren und Gewürze im Wasser kochen, durch ein Sieb streichen und mit Gelierzucker aufkochen. In Gläser füllen. Schmeckt besonders gut mit Zwetschgen-Gsälz vermischt.

HUFLATTICH UND SAUERAMPFER

Der Huflattich ist einer der ersten Frühjahrsblüher, der, noch fast im Schnee stehend, seine goldgelben Blüten in den Himmel streckt. Die Blütensprossen sind mit schuppenartigen Blättern besetzt. Erst wenn die Blüten verwelkt sind, kommen die herzförmigen Blätter an die Oberfläche. Huflattich wächst hauptsächlich auf feuchten Wiesen, an Wassergräben und Bahndämmen und in Kiesgruben. Er hat sich auch als Heilpflanze einen Namen gemacht. So wird er bei Bronchitis, Brustfellentzündung und Asthma eingesetzt. Bei Lungenleiden und Bronchialkatarrh hat sich Huflattich-Sirup bestens bewährt.

Sauerampfer wird zwischen 40 und 80 cm hoch und hat längliche, feine Blätter. Blütezeit ist von Mai bis August. Die Stängel sind im unteren Teil rötlich gefärbt. Er ist ein typisches Wiesenkraut. Für uns Kinder gab es im Frühsommer nichts Schöneres, als durch die Wiesen zu streifen und die säuerlich schmeckenden Blätter zu sammeln und sie gleich an Ort und Stelle zu vernaschen. Der Säuerling eignet sich gut für grüne Soßen, als Suppe oder Beilage. In Frankreich, Belgien und auch in England ist er fester Bestandteil des Kräutergartens.

Die Pflanze enthält viel Vitamin C und wurde früher als Heilmittel gegen Fieber und Nierenbeschwerden eingesetzt. Man sollte das Kraut aber nur in Maßen zu sich nehmen, sonst kann es Magenzwicken erzeugen. Bestens geeignet ist Sauerampfer als Würzkraut, Zutat bei Suppen und frisch geschnitten zu Quarkspeisen. Und versuchen Sie einmal Sauerampfer, fein gehackt unter Mayonnaise gemischt! Eignet sich, mit Zitrone und Joghurt verdünnt, bestens als Salatmayonnaise.

HUFLATTICHGEMÜSE

Die jungen Blätter in Streifen schneiden, in Butterschmalz andünsten und mit etwas Brühe garen lassen. Mit Sahne verfeinern und abschmecken.

HUFLATTICHSUPPE

Huflattichblätter sammeln, waschen, zusammenrollen und in feine Streifen schneiden. Ganz nach Belieben können Sie auch noch andere Wildkräuter verwenden. In etwas Salzwasser kurz blanchieren. Aus Fett und Mehl eine braune Mehlschwitze bereiten und mit Gemüsebrühe auffüllen. Mit Salz, Pfeffer und Essig abschmecken, etwas Sahne zugeben.

HUFLATTICHROULADEN

Je nach Laune und Anzahl der Gäste die gesammelten und gewaschenen Blätter kurz in Salzwasser aufkochen. Die Füllung, bestehend aus Hackfleisch, Brotresten, Eiern und Gewürzen, auf die abgekühlten Blätter verteilen. In eine gefettete Kasserolle geben, mit etwas Wasser übergießen und im Ofen langsam garen lassen.

SAUERAMPFERSUPPE

ZUTATEN für 4 Portionen

2 Handvoll	**Sauerampfer**
	Butterschmalz
750 ml	**Brühe**
1–2	**mehlige Kartoffeln**
	Salz und Pfeffer
	Muskat
	flüssige Sahne
	Peterling

ZUBEREITUNG: Den Sauerampfer gut waschen und fein schneiden. Fett im Topf erhitzen und die Blätter dünsten. Mit Brühe aufgießen und 10 Minuten köcheln lassen. Die Kartoffeln fein würfeln, einige Minuten mitkochen und alles zusammen pürieren. Würzen, mit Sahne verfeinern und mit gehacktem Peterling bestreuen.

SAUERAMPFERSOßE

Eine gute Handvoll Sauerampfer fein schneiden, in Butterschmalz anschwitzen, mit der nötigen Menge Mehl abbinden, mit Sahne auffüllen. Mit Salz und Muskat würzen und durchkochen lassen. Dazu essen wir hart gekochte Eier. Wer will, kann noch Salzkartoffeln dazu reichen.

SAUERAMPFERGEMÜSE

Sauerampfer und Spinat halb und halb mischen. Die Blätter zerkleinern und im eigenen Saft dünsten. Aus Butterschmalz, Mehl und Milch eine Soße zubereiten. Feinschmecker geben dem Gemüse noch eingeweichte Rosinen bei. Hierzu empfehlen wir ein Kräuter-Kartoffel-Püree.

SAUERAMPFER MIT KOHL

ZUTATEN für 4 Portionen

750 g Wirsing oder Weißkohl
250 g Sauerampfer
30–50 g Bauchspeck, gewürfelt
Butterschmalz
Salz und Pfeffer
2 rohe Kartoffeln, gerieben

ZUBEREITUNG: Den Kohl hobeln und den Sauerampfer fein schneiden. Den gewürfelten Speck in Butterschmalz andünsten, mit dem Gemüse vermischen, etwas Wasser zugeben, würzen und schmoren lassen. Zum Abbinden geben Sie die geriebenen rohen Kartoffeln dazu. Eine herrliche Gemüsebeilage für Fleischspeisen.

TIPP: Mit Gänseblümchen- und Löwenzahnknospen bestreuen. Sieht schön aus!

BRENNNESSELN

Und sie brennen tatsächlich, diese Nesseln, recht ekelhaft an Arm und Bein. Sie ohne Handschuhe zu pflücken ist nicht empfehlenswert. Vitamin C, wichtige Spurenelemente und Mineralstoffe sowie Eisen bietet dieses (Un-) Kraut. Dieser brennende grüne Teufel gedeiht auf Wiesen genauso wie auf Ödland und das weltweit. Brennnesseln sammelt man am besten im Frühjahr, wenn die Blätter noch zart sind, an ungespritzten Plätzen. Sie ergeben einen geschätzten Spinat und feine Suppen. Auch als Verfeinerung von Maultaschen und Spätzle sind sie nicht zu verachten. Die Nesselhaare, die wir beim Sammeln so fürchten, schützen die Pflanze vor fast allen Fressfeinden. Aber außer dem Menschen gibt es noch zwei Wesen, die sich an ihm gütlich tun können: das Tagpfauenauge und der Kleine Fuchs. Beide Schmetterlingsarten würden ohne Brennnesseln aussterben. Ihre Raupen ernähren sich ausschließlich von deren Blättern. Deshalb: Lass im Garten in einer vergessenen Ecke einige Brennnesseln stehen, die Schmetterlinge werden es dir danken.

Der Name Hanfnessel erinnert übrigens an die Verwendung der Brennnessel zur Herstellung von Fasern im Mittelalter. Diese Fasern wurden aus den Stängeln gewonnen. Wir aber essen dieses Wildkraut lieber, und zwar gekocht. Von Brennnesselsalat oder ähnlichen kulinarischen Spielereien würde ich abraten.

BRENNNESSELSPINAT

ZUTATEN für 4 Portionen

4 Handvoll	**junge Brennnesselblätter**
	Butterschmalz
	Mehl
500 ml	**Milch**
1	**Zwiebel, gewürfelt**
3-4	**Knoblauchzehen, gehackt**
	Salz und Pfeffer
	Muskat
	flüssige Sahne (optional)

ZUBEREITUNG: Die gründlich gewaschenen Brennnesselblätter in reichlich Salzwasser kochen, abseihen und pürieren. Aus Butterschmalz, Mehl und Milch eine helle Brennsoße bereiten. Das Gemüse mit der gewürfelten Zwiebel und dem gehackten Knoblauch andünsten und mit der Soße vermengen. Würzig abschmecken und nach Belieben mit Sahne verfeinern. Dazu reichen Sie Salzkartoffeln, eventuell hart gekochte Eier oder, wer's mehr »fleischig« liebt, ein Stück geräuchten und gekochten Bauch vom Schwein.

TIPP: Wer es mag, kann den Brennnesseln noch eine Handvoll Bärlauchblätter beimengen.

BRENNNESSEL-PFANNKUCHEN

ZUTATEN für 4 Portionen

500 ml	**Milch**
250 g	**Mehl**
1-2	**Eier**
	Salz
	Brennnesseln

ZUBEREITUNG: Aus Milch, Mehl, Eiern und Salz einen Pfannkuchenteig rühren. Kurz ruhen lassen. Dann die fein gehackten Brennnesselblätter unter den Teig ziehen und in einer Pfanne herausbacken.

TIPP: Erkaltete Brennnessel-Pfannkuchen, in feine Streifen geschnitten, eignen sich hervorragend als Einlage für die Flädlessuppe mit Pfiff. Das ist Regionalküche vom Feinsten.

BRENNNESSELSUPPE

Ein Rezept aus Großmutters Frühjahrsküche. Eine echte Delikatesse, die an Wohlgeschmack viele bekannte Suppen in den Schatten stellt – und dabei den Geldbeutel schont. Ein wichtiges Argument für die Pfennigfuchser in unserem Land, die unter dem Motto »Geiz ist geil« die Supermärkte stürmen.

ZUTATEN für 4 Portionen

6 Handvoll	Brennnesselspitzen
1 l	Brühe oder Wasser
	Mehl
	Butterschmalz
	Milch nach Bedarf
	Salz und Pfeffer
	Muskat
	flüssige Sahne

ZUBEREITUNG: Die Brennnesseln mit Brühe oder Wasser 10 Minuten kochen lassen. Abseihen und die Brühe aufheben. Die Brennnesseln pürieren. Aus Mehl, Butterschmalz und Milch eine Brenne herstellen. Mit der Brühe auffüllen und glatt rühren. Alles noch etwa 15 Minuten köcheln lassen. Das Brennnesselpüree zugeben, abschmecken und mit Sahne verfeinern.

TIPP: Eine nahrhafte Mahlzeit wird es, wenn Sie zwei gekochte Kartoffeln im Teller zerdrücken und mit der Suppe übergießen.

BRENNNESSEL-KARTOFFEL-SUPPE

ZUTATEN für 4 Portionen

500 g	mehligkochende Kartoffeln
1-2	Zwiebeln, fein geschnitten
	Butterschmalz
1 EL	Mehl
1 ½ l	Gemüsebrühe oder Wasser
100 g	Brennnesseln, fein geschnitten
	Salz und Pfeffer
	Muskat
	Majoran
	flüssige Sahne

ZUBEREITUNG: Die Kartoffeln schälen und würfeln. Die Zwiebeln in Butterschmalz andünsten, die Kartoffelwürfel beigeben und mitdünsten. Mit Mehl bestäuben und mit Brühe oder Wasser aufgießen. Wenn die Kartoffeln fast gar sind, die Brennnesselspitzen unterrühren und etwa 10 Minuten mitköcheln. Gewürze beigeben, abschmecken und mit Sahne verfeinern.

TIPP: Wer lieber eine cremige Suppe wünscht, kann alles mit dem Pürierstab zerkleinern.

BRENNNESSELTEE

1 bis 2 Handvoll Brennnesselspitzen mit heißem Wasser aufgießen und 15 Minuten ziehen lassen. Dieser Tee ist bestens geeignet für eine vierwöchige Frühjahrskur. Mehrmals am Tag schluckweise trinken. Wirkt blutreinigend und entgiftend. Bei Juckreiz helfen Umschläge mit kaltem Brennnesseltee.

BRENNNESSELJAUCHE

Jetzt mal ein Rezept, das weder zum Essen noch zum Trinken geeignet ist und das wir tunlichst nicht in der Küche zubereiten sollten. Indirekt dient es aber den vielen herrlichen Kochzutaten aus unseren Gemüsegärten. Brennnesseljauche ist nämlich ein Granatendünger und vertreibt, auf die Blätter gesprüht, Blattläuse und Spinnmilben. Dafür legt man 1 Kilogramm frische Brennnesseln in 10 Liter Wasser. Nach etwa 1 Woche entfernt man die Brennnesseln, verdünnt die Jauche zehnfach und verwendet diese zum Gießen.

LÖWENZAHN

Der Löwenzahn ist landauf, landab unter vielen Namen bekannt, angeblich sollen es sogar 500 sein. Auf der Alb nennt man ihn unter anderem »Soichblume«, was darauf hinweist, dass die Pflanze stark wassertreibend wirkt. Er hat aber auch so nette Namen wie Milcherling oder Pusteblume. In unserer Kindheit, Mitte des letzten Jahrhunderts, war es für uns ganz selbstverständlich, im Frühjahr in die Natur auszuschwärmen, um die ersten zarten Blätter für einen Löwenzahnsalat zu sammeln. Was für eine Gottesgabe! Besonders meine Schwestern hatten den Löwenzahn ins Herz geschlossen. Ihre Ketten aus Löwenzahnblüten trugen sie stolz um den Hals oder im Haar. Wie kleine Elfen erschienen sie zum Mittagstisch und strahlten mit den Blüten um die Wette.

Viele Gartenfreunde bekämpfen die tiefwurzelnde Heilpflanze mit solch einer Hartnäckigkeit, als ob ein fremdes Heer ihren gepflegten Garten erobert hätte. Man kann ihn jedoch noch so drangsalieren, im nächsten Jahr ist er wieder da. Bataillone von Fallschirmchen, mit Samen bewaffnet, sorgen stets für Nachwuchs. Wir haben den Kampf schon lange aufgegeben und freuen uns jedes Frühjahr aufs Neue über die gelbe Blütenpracht. Die unverwüstliche Heilpflanze haben wir als Unkraut gestrichen und pflegen, sie jetzt aufzuessen, sei es als Salat, Tee oder Wurzelgemüse. Aus der Wurzel haben unsere Altvorderen noch Kaffee-Ersatz produziert.

LÖWENZAHNSALAT

ZUTATEN für 4 Portionen

2 Handvoll	**junge Löwenzahnblätter**
1 EL	**Löwenzahnknospen**
	Essig
	Öl
1	**Knoblauchzehe, klein geschnitten**
	Salz und Pfeffer
	Speck- und Brotwürfel
	Butter

ZUBEREITUNG: Die Löwenzahnblätter und Knospen separat waschen. Die Blätter in eine Schüssel geben, die Knospen beiseitestellen. Die Blätter mit Essig, Öl, Knoblauch, Salz und Pfeffer anmachen. Manche brausen den Salat zuvor noch mit warmem Wasser ab, damit er leichter zu beißen ist. Speck- und Brotwürfel kurz in Butter anrösten und vor dem Servieren über den Salat geben. Zum Schluss mit den Löwenzahnknospen garnieren.

TIPP: Wer etwas ganz Besonderes kredenzen will, kann noch Giersch, Gundermann und Gänseblümchen zum Salat geben. Mit Apfelstückchen lässt sich die Bitterkeit der Wildkräuter etwas abmildern.

KARTOFFELSALAT MIT LÖWENZAHN

ZUTATEN für 4 Portionen

400–500 g	festkochende Kartoffeln
	Essig
	Öl
	Salz und Pfeffer
	Brühe
200–250 g	Löwenzahnblätter
1 Handvoll	Löwenzahnblüten zum Garnieren
150 g	Speck

ZUBEREITUNG: Die Kartoffeln kochen, schälen und noch warm in Scheiben schneiden, mit Essig, Öl, Gewürzen und Brühe vermengen und etwa 10 Minuten ziehen lassen. Die Löwenzahnblätter in Streifen schneiden, kurz warm abduschen, unter den Salat mengen und mit frischem Grün und Blüten garnieren. Den Speck würfeln, anbraten und anschließend über den Salat geben.

VARIANTE: Die Löwenzahnblätter auf dem Kartoffelsalat gefällig und kreisförmig arrangieren, mit Blüten garnieren und zum Schluss die angerösteten Speckwürfel darüberstreuen.

LÖWENZAHNGEMÜSE

Wurzeln ausgraben, schälen und gar kochen. Anstatt sie zu schälen, kann man die Wurzeln auch mit der Haut kochen und diese anschließend entfernen. Blätter und Knospen gar dünsten und mit den klein geschnittenen Wurzeln zu einem Gemüse vereinen. Wer will, kann das Gemüse etwas eindicken und Sahne dazugeben.

LÖWENZAHNTEE

Zum Löwenzahntee können Sie frische oder getrocknete Blätter verwenden. Einen guten Teelöffel Blätter in einem Glas mit kochendem Wasser überbrühen und 5 bis 15 Minuten ziehen lassen.

BROT

Wir können es uns nicht mehr vorstellen, dass vor zwei-, dreihundert Jahren die Menschen so arm waren, dass sie sich kein Brot leisten konnten und sich nur von Brei und Gemüse ernährten. Geld zum Mahlen des Getreides in der Mühle war bei den meisten nicht übrig. Erst als um 1750 die Kartoffel die größte Not linderte, konnte die Bevölkerung den schlimmsten Hunger stillen. Damals gab es keine Bäcker in den Dörfern. Alle drei Wochen war der große Backtag angesagt, und tags zuvor wurde der Sauerteig als Triebmittel angesetzt. Die Brote wurden in Gewölbekellern auf Regalen, die von der Decke hingen, feucht gelagert. Damit es nicht austrocknete, gab man dem Teig Kartoffeln bei. Nicht selten wurde das Brot in der dritten Woche schimmlig und zäh. Dann begann die Bäuerin das Brot anderweitig zu verwerten und fabrizierte daraus Knödel oder die bekannten Ofenschlupfer. In Hungerjahren gab es nur reines Kartoffelbrot: Nach der Ernte wurden schadhafte Kartoffeln ausgeschnitten und im Ofen gedörrt, um später in der Mühle gemahlen zu werden. Waren keine Kartoffeln vorhanden, streckte die Bäuerin den Teig nicht selten mit Säge- oder Bohnenmehl, gedörrtem Obst oder Resten aus der Ölmühle, dem Ölkuchen.

Der Backtag war für Kinder ein Festtag. Denn dann buk die Mutter aus dem restlichen Teig die sogenannten Scherrkuchen. Die hölzerne Brotwanne wurde mit einem eisernen Spachtel

ausgescherrt. Die Bäuerin stellte so die beliebten »Wähen« her, auch bekannt unter dem Namen »Platz«. Im Sommer belegte sie die flachen Teigfladen mit Obst, Rahm oder Zwiebelröhrle; im Winter mit Zwiebeln und Speck oder mit Hutzelmus.

Das tägliche Brot bestand in jener Zeit hauptsächlich aus Roggen und Dinkel. Für Kranke, Kinder und Wöchnerinnen gab es das Weiß- oder Schönmehlbrot. Das althergebrachte Bauernbrot wich dann langsam dem hoch geschätzten Weißbrot, dem Brot der Reichen. Die neuen Getreideschälmaschinen konnten mechanisch die Samenhaut, also die Kleie, entfernen. Zudem wurde der Keimling säuberlich vom Kern entfernt. Das Beste und Gesündeste des Kerns füttern wir nun unseren Schweinen. Es sei ihnen gegönnt. Beim Verzehr von Weißbrot ist der Energieschub nur von kurzer Dauer. Dagegen hält die Energieversorgung durch Vollkornbrot bedeutend länger an. Und sämtliche Inhaltsstoffe, die für unsere Gesundheit so wichtig sind, stehen uns dann zur Verfügung.

Obwohl wir jährlich im Schnitt 80 Kilogramm Brot pro Person essen, wirft unsere Überflussgesellschaft jedes Jahr Hunderttausende Tonnen auf den Müll. Das meiste davon kommt übrigens aus unseren Haushalten. Dabei gibt es echt tolle Verwendungsmöglichkeiten für das Altbackene: So lässt es sich leicht zu Paniermehl verarbeiten; man kann Knödel oder Ofenschlupfer herstellen und auch Schweine- oder Kalbsbrust lassen sich gut mit Brotresten füllen.

ARME RITTER

ZUTATEN für 4 Portionen

- 1–2 **Eier**
- 250 ml **Milch**
- 1 Prise **Salz**
- 4 **Brotscheiben** (heute verwendet man auch Toastbrot)
- **Butterschmalz**
- **Zucker und Zimt**

ZUBEREITUNG: Die Eier mit der Milch verquirlen, leicht salzen, die Brotscheiben darin eintauchen, abtropfen lassen und in reichlich Butterschmalz goldgelb ausbacken. Mit Zucker und Zimt bestreuen.

VARIANTE: Je eine Scheibe Käse und Schinken auf die Brotscheiben legen und mit einer weiteren Scheibe Brot zudecken. Panieren und goldgelb herausbacken. Das Cordon bleu des armen Mannes! Diese Armen Ritter können Sie auch mit Schwarzbrot zubereiten und mit Endiviensalat servieren. Oder die gebackenen Brotscheiben bei Bedarf würfeln und als Suppeneinlage verwenden.

OFENSCHLUPFER

Ist ein typisches Resteessen, in dem alte Wecken Verwendung finden. In südlichen Regionen ist er auch als »Scheiterhaufen« bekannt. Er kommt hauptsächlich als Süßspeise auf den Tisch, mundet aber ebenso als herzhafte Variante. Früher kam der Ofenschlupfer auch als »Bettelmas Kuacha« auf den Tisch.

ZUTATEN für 4 Portionen

6–8	altbackene Wecken
1 kg	Äpfel
500–750 ml	Milch
3	Eier
80 g	Zucker
	geriebene Zitronenschale
2 TL	Vanillezucker
1 Prise	Salz
50 g	Rosinen
4 EL	Butter

ZUBEREITUNG: Die Wecken in feine Scheiben schneiden. Am besten eignen sich dazu Milchbrötchen, aber auch Kranzbrot vom Vortag können Sie verwenden. Die ungeschälten Äpfel grob reiben. Milch, Eier, Zucker, Zitronenschale, Vanillezucker und Salz verquirlen. Einen Teil der Brötchenscheiben in eine gebutterte Backform legen. Darauf die geriebenen Äpfel und Rosinen verteilen. Mit dem restlichen Brot abdecken und mit der Eiermilch übergießen. Den Auflauf mit Butterflocken belegen. In der vorgeheizten Röhre etwa 45 Minuten bei 200 Grad backen. Dazu gehört traditionsgemäß eine Vanillesoße.

HERZHAFTER OFENSCHLUPFER

Noch in den Jahren 1945 bis 1950 brachten die Frauen ihre Ofenschlupfer zu meinem Großvater in die Bäckerei, wo sie in der Nachhitze vom Brotbacken gegart wurden.

ZUTATEN für 4 Portionen

4–6	altbackene Wecken
2–3	Zwiebeln
	Butterschmalz
120 g	Bauchspeck, geraucht
80–100 g	Pilze
250 ml	Milch
250 g	flüssige Sahne
3–4	Eier
	Muskat
	Salz und Pfeffer
4 EL	Butter
	geriebener Käse (optional)

ZUBEREITUNG: Die Brötchen vom Vortag in Scheiben schneiden. Die Zwiebeln abziehen, würfeln und in Butterschmalz mit dem ebenfalls gewürfelten Speck und den geschnittenen Pilzen kurz anbraten. Die Milch mit der Sahne und den Eiern verquirlen, anschließend würzen. Eine Backform ausbuttern, eine Schicht Brotscheiben einlegen, die Speck-Pilz-Zwiebelmischung sowie den Käse hineingeben. Zum Schluss wieder eine Schicht Brötchenscheiben. Mit dem Milch-Eier-Gemisch übergießen, Butterflocken zugeben und das Ganze 15 bis 20 Minuten ziehen lassen. Wer will, kann das Gericht noch nach Belieben mit geriebenem Käse bestreuen. Dann den Ofen auf 200 Grad vorheizen und den Ofenschlupfer etwa 45 Minuten backen.

VARIANTE: Speck- (50–80 g) und Zwiebelwürfel (1 bis 2 Zwiebeln) in einer Kasserolle andünsten. Einen blanchierten Wirsingkopf zerkleinern. Die angerösteten Brotreste (etwa 500 g) in eine gebutterte Kasserolle legen. Ganz nach Gusto mit Käse und Kräutern bestreuen. Eine Lage Wirsing, eine Lage Brot und so weiter. Zum Schluss den Wirsing-Brot-Topf mit Brühe (gut 1 l) übergießen, mit Käse bestreuen und Butterflocken zugeben. Im Backofen bei 180 Grad ungefähr 1 Stunde garen lassen.

BROTSCHMARREN

ZUTATEN für 4 Portionen

30 g	Sultaninen
4–5	altbackene Wecken
3	Eier
500 ml	Milch
1–2 EL	Mehl
1 Prise	Salz
	Butterschmalz
	Zucker und Zimt

ZUBEREITUNG: Zuerst die Sultaninen in lauwarmem Wasser einweichen. Die Wecken in dünne Scheiben schneiden. Eier mit Milch und Mehl verquirlen. Salz und Rosinen dazugeben. Mit den Weckenscheiben vermischen und etwas ziehen lassen. In einer Pfanne mit Butterschmalz goldgelb braten, wenden und mit zwei Gabeln in kleine Stücke reißen. Mit Zucker und Zimt bestreuen. Gut schmeckt dazu auch ein selbst gemachtes Apfelmus oder Kompott.

VARIANTE: Wer es lieber würzig mag, lässt Rosinen und Zucker weg und brät statt dessen Speck, Schinken, Zwiebeln oder Bratenreste an, gibt das Milch-Eier-Gemisch über das Brot und brät es, wie oben beschrieben. Grüner Salat darf hier nicht fehlen.

QUARK

Vom Quark hat man manchmal den Eindruck, seine Zeit sei vorbei und er erscheine immer seltener auf dem Tisch. Wären da nicht die Käsekuchen und all das andere mit Quark gefüllte Gebäck, wäre es sicher schlecht um ihn bestellt. Quark ist die Urform des Käses. Er ist reich an wertvollen Inhaltsstoffen wie Milcheiweiß, Kalzium, Phosphor und Vitamin B2. Um die cremige Konsistenz zu erreichen, werden bei der Herstellung Milchsäurebakterien und Lab eingesetzt. Diese zartcremige Masse wird gerne noch mit Sahne verfeinert.

Seit Quark von der Damenwelt als Mittel zur Hautpflege entdeckt wurde und ihr als Gesichtsmaske dient, müssen wir uns um ihn vielleicht doch keine Sorgen mehr machen. Früher badete die holde Weiblichkeit in Eselsmilch, heute sind eben Quarkmasken gefragt. Auch wir schätzen den Quark, nicht gerade im Gesicht, dafür mehr auf dem Teller. Man glaubt gar nicht, wie vielseitig Quark zu verwenden ist. Er steckt voller Überraschungen. Eine Freundin verriet mir kürzlich ihr neues Rezept für Königsberger Klopse, die ich – leider als Einziger der Familie – heiß und innig liebe. Sie gibt der Masse aus Brot, Hackfleisch, Eiern und Sardellenstücken Quark hinzu. Ich wollte es zuerst nicht glauben. »Das musst du probieren«, drängte sie mich. Der Erfolg war umwerfend. Die Klopse waren saftig und schmeckten in der Kapernsoße exzellent. Ein Viertel der Klopsmasse bestand aus Quark. Probieren Sie selbst, welche Mischung Ihnen am besten zusagt. Sie wissen doch: »Probieren geht über Studieren.«

APFELQUARK

ZUTATEN
Quark
Milch
Zucker
Äpfel nach Bedarf

ZUBEREITUNG: Die Mengen können Sie frei wählen. Den Quark in eine Schüssel geben, mit der Milch etwas verdünnen und je nach Vorliebe Zucker zugeben. Die ungeschälten Äpfel mit der Handreibe in die Masse raspeln, alles vermischen. Einfacher geht es nicht!

QUARK-KARTOFFELPUFFER

ZUTATEN für 4 Portionen

500 g	festkochende Kartoffeln
175 g	Quark
250 g	Crème fraîche
80 g	Grieß
2–3	Eier
1 Prise	Salz
	Butterschmalz

ZUBEREITUNG: Kartoffeln schälen und roh reiben. Kartoffelwasser abgießen. Quark, Crème fraîche, Grieß, Eier und Salz mischen, alles etwa 10 Minuten ziehen lassen. Das Butterschmalz in einer Pfanne erhitzen und die flachen, runden Kartoffelpuffer auf beiden Seiten goldgelb backen. Dazu gibt es Apfelmus.

TIPP: Die »Lukulli« im Ländle reichen dazu Räucherlachs.

KARTOFFELQUARK

ZUTATEN für 4 Portionen

500 g	mehligkochende Kartoffeln
1	Ei
1 kleine	Zwiebel oder Schalotte
100 g	Quark
75 g	Sauerrahm
	Salz und Pfeffer
	Kümmel, gemahlen
	Schnittlauch
	Brotscheiben

ZUBEREITUNG: Die Kartoffeln kochen, schälen und stampfen. Das Ei hart kochen, schälen, fein hacken. Die Zwiebel oder Schalotte fein schneiden. Alles zu Quark und Sauerrahm geben und gut vermischen. Würzig abschmecken. Auf die Brotscheiben streichen und mit Schnittlauch bestreuen.

TIPP: Wer will, kann dem Quark etwas Knoblauch und geraspelte Salatgurke beigeben.

KARTOFFEL-QUARKKÜCHLEIN

ZUTATEN für 4 Portionen

750 g	Kartoffeln
1	Zitrone
250 g	Quark
50 g	Rosinen
125 g	Mehl
	Salz
	Butterschmalz
	Zucker und Zimt

ZUBEREITUNG: Kartoffeln am Vortag als Salzkartoffeln zubereiten, abgießen, durch die Kartoffelpresse drücken und auskühlen lassen. Die gewaschene Zitrone abreiben und auspressen. Sämtliche Zutaten vermengen, Hände bemehlen und kleine flache Küchlein formen. In reichlich Butterschmalz auf beiden Seiten goldgelb ausbacken. Noch heiß mit Zucker und Zimt bestreuen. Apfelmus oder ein Kompott ist als Beilage immer richtig.

APRIKOSENKNÖDEL

ZUTATEN für 4 Portionen

250 g	**Quark**
200 g	**Mehl**
50 g	**Butter**
1	**Ei**
1 TL	**Zucker**
1 Prise	**Salz**
500–700 g	**Aprikosen**
	Würfelzucker
	Salzwasser
	Butter
	Zucker und Zimt

ZUBEREITUNG: Quark, Mehl, weiche Butter, Ei, Zucker und Salz zu einem weichen Teig verarbeiten. Aprikosen waschen, entsteinen und mit Würfelzucker füllen. Dann mit Teig umhüllen und im Salzwasser etwa 10 Minuten ziehen lassen. Vor dem Servieren mit leicht angebräunter Butter beträufeln. Mit Zucker und Zimt bestreuen.

Wenn's Aprikosenknödel gibt, hockt mei Sippschaft scho zehn Minuten vor der Zeit am Tisch.

QUARKSCHMARREN

ZUTATEN für 4 Portionen

4	**Eier**
500 g	**Quark**
150 g	**Mehl**
2 Päckchen	**Vanillezucker**
1 Prise	**Salz**
50 g	**Rosinen** (im Sommer frische Früchte)
	Milch nach Bedarf
	Butterschmalz

ZUBEREITUNG: Die Eier trennen. Quark, Mehl, Eigelbe und Vanillezucker sowie Salz gut verrühren. Rosinen oder Früchte zugeben. Mit etwas Milch nachhelfen, wenn der Teig zu fest ist. Das Eiweiß steif schlagen und unterheben. Butterschmalz in einer Pfanne erhitzen. Einen Teil des Teigs in die Pfanne geben, ähnlich wie beim Pfannkuchen, goldgelb anbraten, wenden und mit zwei Gabeln in kleine Stücke zerteilen, anschließend fertigrösten. Dazu ist ein Apfel- oder Zwetschgenkompott der reinste Hochgenuss. Wenn der Quarkschmarren mit Zucker und Zimt bestreut ist, bin ich aber auch dabei.

VESPERZEIT

Belegte Brote waren bei uns früher an der Tagesordnung und haben uns nicht nur als Pausenvesper in der Schule begleitet. Die etwas vornehmere Art bezeichnet man als Sandwiches. Sie werden aus entrindeten Toastscheiben zubereitet, meist mit Mayonnaise bestrichen und mit einem Salatblatt, einer Tomatenscheibe, Schinken, Käse oder Roastbeef belegt. Zum ersten Mal sind mir diese »kätschigen« Appetithappen in England begegnet. Und sie sind nicht totzukriegen. In Plastikfolie verpackt, werden sie weiterhin an Tankstellen und Autobahnraststätten angeboten.

Bei uns sieht das heute doch etwas anders aus. Eine Schwarzbrotscheibe, am besten Vollkornbrot, wird zuerst mit Butter bestrichen, um dann mit Wurstscheiben, angemachtem Quark, harten Eiern, Schinken und Käse, Sardellen oder nur mit Tomaten- oder Rettichscheiben belegt zu werden. Und zu meiner Schulzeit gab es hauptsächlich Leber- oder Mettwurstbrote, denn die machten richtig satt.

In den Nachkriegsjahren ersetzten »Gsälzbrote« den Kuchen. Da unsere Mutter im Herbst reichlich Zwetschgen- und »Breschtlingsgsälz« (Erdbeermarmelade) eingekocht hatte, gingen die süßen Brote nie aus. Am Sonntag gab es auch manchmal Quittenmus und Hägenmark aufs Brot, Kuchen gab es eher selten, nur zum Geburtstag. Dafür backte meine Mutter freitags reichlich Kranzbrot, das wir Kinder mit dem »Loiderwägale« zum Bäcker brachten und auch wieder abholten. Den restlichen Kranz gab es am Sonntagabend, klein geschnitten als Milchsuppe.

Doch zurück zu den belegten Broten. Wenn wir unsere Mutter mit den Worten »was gibt's heut zum Essen« zu sehr nervten, kam des Öfteren die Antwort: »Schwarzbrot belegt mit Daumen und Zeigefinger.« Das hieß dann, dass sie selbst noch nicht wusste, was auf den Tisch kam. Belegte Brote sind da ein schnelles Essen! Gut schmeckt's, wenn Sie zum Beispiel Eier in der Pfanne auf beiden Seiten anbraten und heiß auf Schwarzbrotscheiben servieren. Wer mal überraschend Besuch bekommt, den man mit den Worten »no kommat halt amol vorbei« irgendwann eingeladen hatte, dann gibt es nur eins: eine Platte mit belegten Broten. Garniert mit ein paar Essiggürkchen, Tomatenvierteln, Zwiebelringen und Radieschen. Vielleicht auch noch mit gekochten Eiern serviert. Da muss man sich nicht schämen. Hier noch ein paar weitere Zutaten fürs ordentliche Vesper.

GRIEBENSCHMALZ

Waren früher die Mehltruhen und Schmalzhäfen gefüllt, kam man gut über den Winter. Um die Versorgung der ärmeren Bevölkerung sicherzustellen, ließ der Ulmer Rat im Herbst stets einen Vorrat an Schmalz in der Valentinskapelle südlich des Ulmer Münsters einlagern. Daher heißt die kleine Kapelle im Volksmund auch heute noch »Schmalzhäusle«.

ZUTATEN

1 kg	**Rückenspeck** (vom Schwein)
2	**säuerliche Äpfel**
2 große	**Zwiebeln**
1 EL	**Salz**
½ TL	**Pfeffer**
1 TL	**getrockneter Majoran**

ZUBEREITUNG: Den Speck fein würfeln, in einen Topf geben und etwas Wasser angießen, bis der Boden bedeckt ist. Bei schwacher Hitze etwa 25 Minuten auslassen. Die Äpfel schälen und die Zwiebeln abziehen. Beides fein würfeln, etwa 10 Minuten vor Garende beigeben und mitbraten. Gewürze ebenfalls nach und nach einstreuen. Nach der Garzeit vom Herd nehmen, nachziehen lassen und abgekühlt in Gläser füllen. Dazu fehlt dann nur noch ein frisches Bauernbrot.

ANGEMACHTER KRÄUTERKÄS

Dieser Brotaufstrich eignet sich am besten für den Sommer, wo man im Freien vespern oder gut lüften kann, denn das strenge »Gschmäckle« des Kräuterkäses ist nicht jedermanns Sache.

ZUTATEN

1 Rolle	**Kräuterkäse**
125 g	**Butter**
2–3 EL	**Quark**
2 EL	**Most oder Bier**
	Schnittlauch

ZUBEREITUNG: Den Kräuterkäse fein reiben. Die weiche Butter, Quark und den Most oder das Bier in einer Schüssel mit einer Gabel gut vermischen, danach den Kräuterkäse beigeben. Zum Schluss den fein geschnittenen Schnittlauch dazugeben und alles etwa 30 Minuten durchziehen lassen. Ein famoser Brotaufstrich!

GERIEBENER KARTOFFELSALAT

ZUTATEN für 4 Portionen

1 kg	festkochende Kartoffeln
	Salz und Pfeffer
1	Zwiebel
2 EL	Essig
3 EL	Öl
1 Tasse	heiße Fleischbrühe
2	hart gekochte Eier
	Schnittlauch

ZUBEREITUNG: Die Kartoffeln kochen und schälen. Am nächsten Tag grob reiben, salzen und pfeffern. Die Zwiebel abziehen und fein schneiden, alles mit Essig, Öl und Fleischbrühe vermischen, ungefähr 1 Stunde ziehen lassen. Vor dem Servieren den Salat mit den gehackten Eiern und Schnittlauchröllchen garnieren.

TIPP: Wichtig: Den Salat locker anmachen, sonst wird er zu fest. Schmackhafte Beilage zu Käse- und Wurstbrot.

»SAURA« ODER »GSCHDANDANA MILCH«

Die nicht abgekochte Milch gab meine Mutter in Suppenteller und stellte sie auf die kühle Kellertreppe. Am nächsten Tag, gegen Abend, war sie fest, und eine schöne Rahmschicht schmückte das Tellergericht. Es gab nichts Besseres, als die cremefarbene Sahnedecke vorsichtig abzulöffeln. Zum Teil wurde die Sauermilch auch mit geschnittenen Gurken verfeinert. Meistens gab es Kartoffeln aus der Schale dazu. Mancherorts wurde die Milch leicht gesalzen und mit Kümmel bestreut. Oder es wurden einfach Brotwürfel in die Milch gebrockt. Im Sommer mischten wir die im Wald gesammelten Beeren unter die Milch.

SULZEN

Die ersten Sulzen wurden sicher schon im Mittelalter hergestellt. Sie eigneten sich hervorragend zum Konservieren. In die Sulzmasse eingeschlossen und gekühlt, konnte Fleisch oder Fisch ein paar Tage länger gelagert werden. Doch wie funktioniert das mit den Sulzen? Das Festwerden oder Versulzen der Brühe entsteht dadurch, dass sich beim Kochen die in den Knochen und Schwarten enthaltene Gelatine löst und alles zusammen beim Erkalten wieder fest wird.

Zum Herstellen von Sulzen eignen sich am besten Kalbs- oder Schweinsfüße oder -haxen. Sie sollten längere Zeit kochen, damit genügend Gelatine gelöst wird. Dabei gibt es verschiedene Sulzvarianten: die Schüsselsulz auf der Schwäbischen Alb, bei der sämtliche Reste der »Metzelsupp«, angefangen vom Schwänzle über die Ohren und die Schweinsfüße, zerkleinert, gekocht und zusammen mit der Sulzbrühe in eine Schüssel gegeben werden; die Knöchlessulz, bei der das feine Fleisch aus den Beinscheiben verwendet wird; die Schweinskopfsülze und natürlich die beliebteste von allen, die Tellersulz. Sülze selbst ist übrigens leicht verdaulich.

Selbstverständlich können Sie heute sämtliche Sulzen fertig kaufen. Doch der Kenner macht sie selbst. Nur so lässt sich ein individueller Geschmack herbeizaubern, und nur so können Sie sicherstellen, dass beste Zutaten Verwendung finden. Leider kommt es immer wieder vor, dass in die Sulzen aller möglicher »Gruscht« hineingeschmissen wird. Wer es eilig hat, kauft Gelatineblätter oder Sulzpulver und kann so problemlos und schnell seine Sulz herstellen. Kenner der Materie aber kochen ihre Sulz nach alter Väter Sitte wie folgt:

ZUTATEN für 4 Portionen

2	Kalbs- oder Schweinefüße
500 g	Wadenfleisch
einige	Schwartenstücke
4–5 l	Wasser
250 ml	Essig
	Salz
1	Zwiebel
1	Gelbe Rübe
1	Stange Lauch
	Petersilie
1	Lorbeerblatt
3	Pfefferkörner
1	Nelke

ZUBEREITUNG: Das Sulzfleisch wird mit den angegebenen Zutaten kalt angesetzt und 3 bis 4 Stunden langsam gekocht. Hernach nimmt man das Fleisch aus der Brühe, seiht diese durch ein feines Sieb und lässt sie über Nacht erkalten. Am nächsten Tag wird sie sorgfältig entfettet und eventuell nachgewürzt. Sollte die Sulz nicht fest genug sein, so kann man durch Beigabe einiger Blätter Gelatine, die man in heißer Sulzbrühe auflöst, nachhelfen. Wer mag, kann der Sulzbrühe noch einen kräftigen Schluck Weißwein beigeben. Empfehlenswert!

TELLERSULZ

ZUTATEN für 4 Portionen

500 g	Schweinefleisch, nicht zu fett
6–8	Schweineknöchle
2	Kalbsfüße
5	Gelbe Rüben
1 kleine	Sellerieknolle
	Lorbeerblatt
	Salz
einige	Pfefferkörner
2 l	Wasser
	Essig
	Salz und Pfeffer
optional	hart gekochte Eier, Essiggurken, Gelbe-Rüben-Rädle, Peterling zum Garnieren

ZUBEREITUNG: Fleisch, Knöchle, Kalbsfüße, gestückeltes Gemüse, Lorbeerblatt, Salz und Pfefferkörner in kaltem Wasser aufsetzen und zum Kochen bringen. Den Schaum abschöpfen. Das Fleisch nach etwa 2 Stunden herausnehmen, erkalten lassen und in dünne Scheiben schneiden. Diese auf vier tiefe Teller verteilen und mit Eiern, Gurken und anderem nach Wunsch garnieren. Die Brühe abseihen, erkalten lassen und entfetten. Mit Essig, Salz und Pfeffer würzen und aufkochen. Anschließend auf die Teller verteilen und fest werden lassen. Dazu gehören Bratkartoffeln, ein kühles Weizenbier und ein warmer Sommertag im Garten.

A Schlückle Weißwei oder a par Tröpfla Obstler dra na – 's isch oifach bodaguat.

VITA

Siegfried Ruoß (1939–2018), wuchs auf der Schwäbischen Alb auf. Der gelernte Koch schrieb erfolgreich Kochbücher mit kulturgeschichtlichem Hintergrund.

IMPRESSUM

1. Auflage 2024
Überarbeitete Neuauflage,

Umschlaggestaltung: Chris Langohr, March.
Lektorat, Layout und Satz: Silke Schüler, Portimão.
Korrektorat: Asta Machat, München.

Printed in Poland by CGS Printing.

ISBN 978-3-8425-2429-3

Ihre Meinung ist wichtig für unsere Verlagsarbeit. Senden Sie uns Ihre Kritik und Anregungen unter **meinung@silberburg.de**

Besuchen Sie uns im Internet und entdecken Sie die Vielfalt unseres Verlagsprogramms: **www.silberburg.de**

BILDNACHWEIS

Archiv Ursula Stöffler, Tübingen: S. 14; Archiv Martin Haußmann, Besigheim: S. 10, 58; Archiv Ursula Müller, Waiblingen: S. 12, 142 unten; Archiv Eberhard Seiffert, Blaubeuren: S. 13, 96; Stadtarchiv Weinstadt: S. 18; Gerhard Bäuerle: S. 20, 22; Archiv Rudolf Schiller, Stuttgart/Foto Ernst Schiller: S. 28, 152; Archiv Peter Buchholz, Lohmar: S. 29, 57; Archiv Richard Lenz, Weinstadt: S. 33; Landesstelle für Volkskunde, Stuttgart: S. 34, 117; RobertK: S. 43; Nidheesh: S. 45; Sölden: S. 66; Archiv Eberhardt Renz, Tübingen: S. 78; Archiv Martin Müller, Nagold: S. 79; tip: S. 105; Landeskirchliches Archiv, Stuttgart: S. 112; Archiv Margret Wittmann-Müller, Ulm: S. 123; Bogdan: S. 131; Stadtarchiv Bad Urach: S. 142 oben, 151; Archiv Silberburg: S. 7, 16, 21, 41, 59, 65, 115, 121, 128, 127, 156, Einbandrückseite;

Shutterstock:
Bernd Juergens: S. 39; xiaoxiao9119: S. 44; PosiNote: S. 64; Maddas: S. 71; Karl Allgaeuer: S. 74, 76, 91; Mirko Graul: S. 82; Slawomir Fajer: S. 85; Ildi Papp: S. 89; SHARKY PHOTOGRAPHY: S. 90; Rawpixel.com: S. 93; Konstantin divelook: S. 95; BarthFotografie S. 99; Olga Bondarenko: S. 100; Timolina: S. 102; irisff: S 104; photosimysia: S. 106; AndrewGorbi: S. 108; SMarina: S 120; darksoul72: S. 130; Guajillo studio: S. 143; kathringabriel: S. 146; Fischer Food Design: S. 149;
alle anderen Fotos: Siegfried Ruoß.

Umschlagvorderseite: Löffel: Food Impressions, Shutterstock; by-studio, Shutterstock; Bilderrahmen: vvoe, Adobe Stock; Fotografie im Rahmen: Ground Picture, Shutterstock. Umschlagrückseite: oben links: Gerhard Bäuerle; Mitte: Sölden; unten: Siegfried Ruoß.